초등 어휘력의 격이 달라지는 호로로 8급 한자

나인완 지음

호로로와 친구들

4   호로로와 친구들

마술곰

마술을 잘 한다고 하지만
사실 하나도 못함.

마구로센세

먹는 것이라면
호로로에게
뒤지지 않는
참치 초밥 선생님

토순이

모든 운동을
잘하지만,
너무 몰입해서
주변에서
자주 말린다.

빵선비와 팥쇠

조선에서
빵의 모양을 하고
현대에
오게 된
빵덕후들.

캉캉냥

춤추는 것 밖에 모르는
댄스 머신

꺼북이

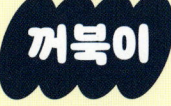

햄버거 집을 운영하며
평소에는 느리지만
자신이 불리하면 빨라진다.

차 례

1장 함께 세어보아요!
- 숫자와 요일 -

一	한 일	10
二	두 이	14
三	석 삼	18
四	넉 사	22
五	다섯 오	26
六	여섯 육	30
七	일곱 칠	34
八	여덟 팔	38
九	아홉 구	42
十	열 십	46
萬	일만 만	50
月	달 월	54
火	불 화	58
水	물 수	62
木	나무 목	66
金	쇠 금	70
土	흙 토	74
日	날 일	78
年	해 년	82

2장 함께 가봐요!
- 장소와 방향 -

山	메 산	88
室	집 실	92
東	동녘 동	96
西	서녘 서	100
南	남녘 남	104
北	북녘 북	108
韓	나라 한	112
門	문 문	116
外	바깥 외	120
國	나라 국	124
校	학교 교	128

3장
이런 사람이에요!
- 직업과 호칭 -

軍	군사 군	134
兄	형 형	138
弟	아우 제	142
民	백성 민	146
父	아버지 부	150
母	어머니 모	154
人	사람 인	158
女	여자 여	162
王	임금 왕	166
學	배울 학	170
敎	가르칠 교	174

4장
어떤 모습일까요?
- 여러 가지 형태 -

白	흰 백	180
大	큰 대	184
中	가운데 중	188
小	작을 소	192
靑	푸를 청	196
先	먼저 선	200
生	날 생	204
長	길 장	208
寸	마디 촌	212

호로로 8급 한자

한 일 一	달 월 月
두 이 二	불 화 火
석 삼 三	물 수 水
넉 사 四	나무 목 木
다섯 오 五	쇠 금 金
여섯 육 六	흙 토 土
일곱 칠 七	날 일 日
여덟 팔 八	해 년 年
아홉 구 九	
열 십 十	
일만 만 萬	

1장.
함께 세어보아요!
숫자와 요일

1장. 함께 세어보아요!

한 일 一

자세히 알아볼까요?

一 총 1획

'**하나**'라는 뜻이며 '**일**'이라고 읽어요.

🍞 이렇게 써요!

一 → 一

🍞 이렇게 만들었어요!

🪵 → 一 → 一

🍞 이 한자와 달라요!

'**일요일**'엔 놀이동산에 놀러 갈 거야!
일요일의 '일'은 날, 하루를 뜻하는 한자 日이야.

'**일식집**'에서는 초밥이나 우동을 팔아!
일식집의 '일'은 날, 일본을 뜻하는 한자 日이야.

정동진은 '**일출**'을 보기 좋은 곳이야!
일출의 '일'은 날, 태양을 뜻하는 한자 日이야.

호로로 8급 한자

이렇게 쓰여요!
앞서 배운 한 자가 어떤 단어에 사용되는 지 예시로 알아보아요.

일부 一部   한 부분 또는 전체를 여럿으로 나눈 것

일반 一般   특별하지 않고, 평범한 수준. 또는 그런 사람들

일정 一定   크기, 모양, 범위, 시간 따위가 하나로 정하여져 있음

일가견 一家見   어떤 분야를 깊게 잘 아는것

일대일 一對一   한사람이 한사람을 상대함

일단 一旦   우선, 먼저

12   함께 세어보아요!

이런 말도 있어요!

一觸卽發 일촉즉발
한 일 닿을 촉 곧 즉 필 발

'한 번만 닿아도 터질 것 같은 상태'라는 뜻으로, 몹시 위급한 상태를 말함.

어제 인터넷을 하다가 화장지 휴지 후기가 좋은 걸 발견해서 말이야.

보드라운 2겹 엠보싱 화장지로 바꿨어.

철저하구나…

아앗, 흡!!!

화장실 어딨지?!? 지금 일촉즉발의 상황이야!! 드디어 2겹 엠보싱을 써 볼수 있겠어!!

가까이 오지마…

으…

1장. 함께 세어보아요!

훈 두 음 이 二

자세히 알아볼까요?

二
총 2획

'**둘**'라는 뜻이며
'**이**'라고 읽어요.

이렇게 써요!

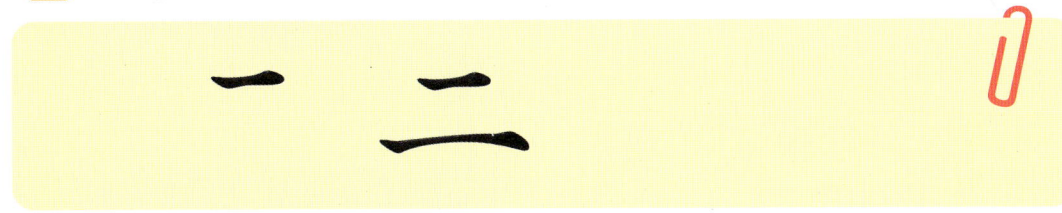

이렇게 만들었어요!

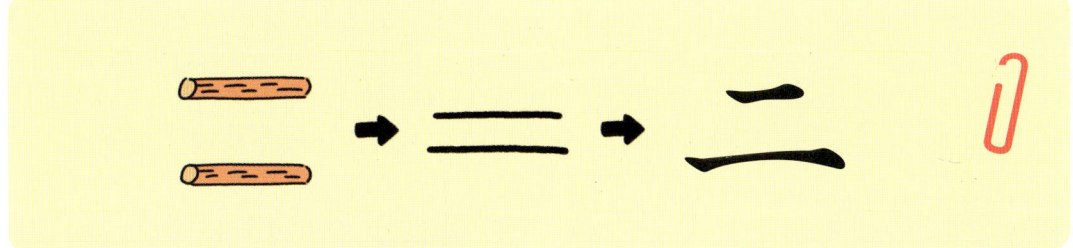

이 한자와 달라요!

라면 한 개를 팔면 오백원의 '**이익**'이 남아!
이익의 '이'는 이롭다를 뜻하는 한자 利야.

불을 다루는 '**요리**'를 할 때는 불을 조심해야 해!
요리의 '리'는 다스리다를 뜻하는 한자 理야.

음식을 남기면 안 되지!
'**부득이**'하게 내가 먹어야겠네!
부득이의 '이'는 이미를 뜻하는 한자 已야.

호로로 8급 한자

이렇게 쓰여요!
앞서 배운 한 자가 어떤 단어에 사용되는 지 예시로 알아보아요.

이중 二重 — 두 겹 또는 두 번 거듭되거나 겹침

이인승 二人乘 — 두 명이 탈 수 있도록 만들어진 것

이분음표 二分音標 — 온음표의 2분의 1 길이를 가지는 음표

이박 一泊 — 2일 밤을 자고 오는 것

무이 無二 — 둘도 없는

이인분 二人分 — 두 명이 먹을 음식량

이런 말도 있어요!

二人三脚 이인삼각
두이 사람인 석삼 다리각

두 사람이 서로 가까운 쪽의 발을 묶어
총 세발로 합을 맞춰 뛰는 경기.

드디어 이번 운동회의 하이라이트!
이인삼각 경기입니다!
1등 상품은 꽃등심 한우 세트!
모두 출발선에서 준비해주세요.

나 **이인삼각**은 자신 없는데...

그냥 몸에 힘 빼고 나한테 맡겨봐!

시~~작!

쌩~

호로로 8급 한자

1장. 함께 세어보아요!

훈 석 음 삼 三

자세히 알아볼까요?

三
총 3획

'**셋**'이라는 뜻이며
'**삼**'이라고 읽어요.

🍞 **이렇게 써요!**

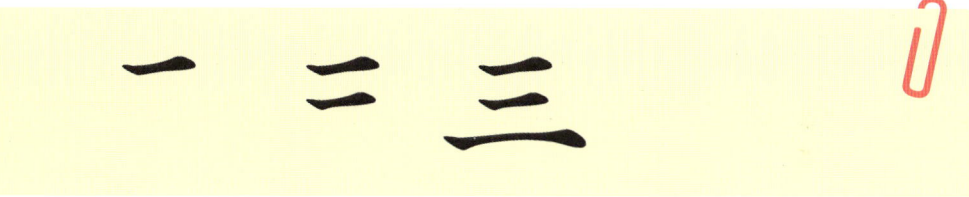

🍞 **이렇게 만들었어요!**

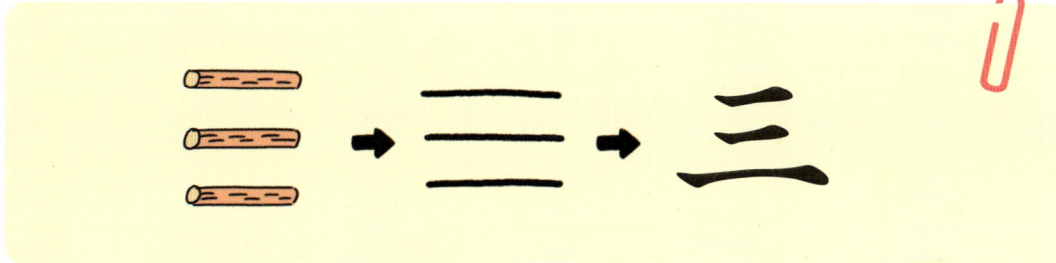

🍞 **이 한자와 달라요!**

추석 선물로는 '**인삼**'이 좋지!
인삼의 '삼'은 인삼을 뜻하는 蔘이야.

이번 주말에는 '**삼림욕**'을 가는 게 어떨까?
삼림욕의 '삼'은 숲을 뜻하는 森이야.

이번에 새로 산 식탁은 '**삼나무**'로 만들었어!
삼나무의 '삼'은 삼나무를 뜻하는 杉이야.

호로로 8급 한자

이렇게 쓰여요!
앞서 배운 한 자가 어떤 단어에 사용되는 지 예시로 알아보아요.

삼인조 三人組 — 세 명이 모인 무리

삼대 三代 — 아버지, 아들, 손자를 부르는 말

삼척동자 三尺童子 — 철 없는 어린아이를 가리키는 말

삼사분기 三四分期 — 7월부터 9월까지의 기간

작심삼일 作心三日 — 결심이 얼마 되지 않아 흐지부지 됨

삼일 三日 — 3일, 낮과 밤이 세 번 지난 기간

이런 말도 있어요!

삼삼오오
석삼 석삼 다섯오 다섯오

3~4명 또는 4~6명이 떼를 지어 있는 모양을 뜻함.

1장. 함께 세어보아요!

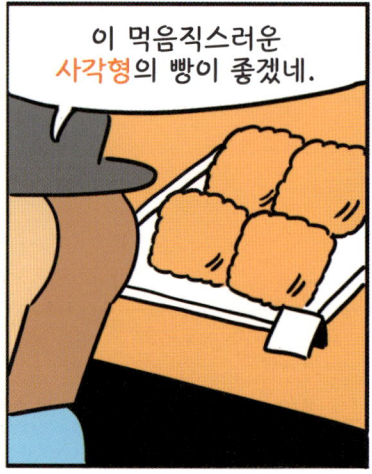

자세히 알아볼까요?

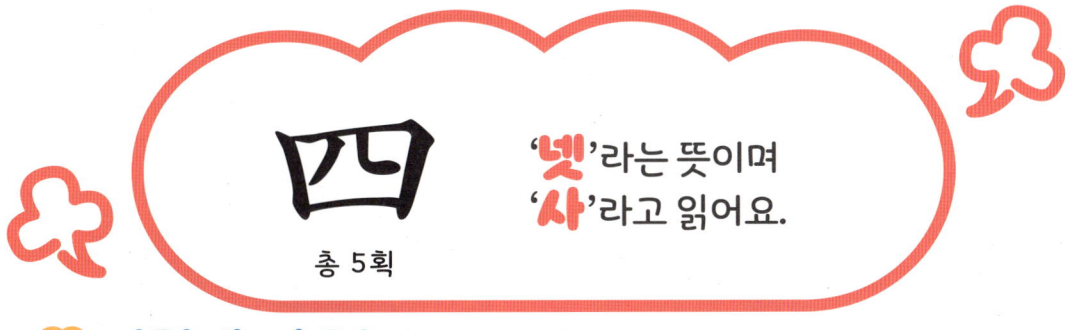

四
총 5획

'**넷**'라는 뜻이며
'**사**'라고 읽어요.

🍞 **이렇게 써요!**

| 一 | 𠃍 | 冂 | 匹 | 四 |

🍞 **이렇게 만들었어요!**

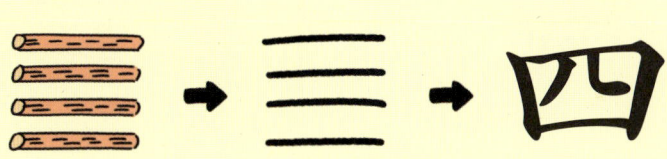

🍞 **이 한자와 달라요!**

아버지가 이번에 하시는 '**사업**'은 무엇인가요?
사업의 '사'는 일을 뜻하는 事야.

잃어버린 물건을 찾아 주신 '**사례**'입니다.
사례의 '사'는 보답하다를 뜻하는 謝야.

아직도 배고파? '**불가사의**'한 일이네.
불가사의의 '사'는 생각하다를 뜻하는 思야.

호로로 8급 한자

이렇게 쓰여요!
앞서 배운 한 자가 어떤 단어에 사용되는 지 예시로 알아보아요.

사계절 四季節 — 봄, 여름, 가을, 겨울 네 계절

사방 四方 — 동, 서, 남, 북을 통틀어 이르는 말

사각형 四角形 — 네 개의 각이 있는 모양

사칙연산 四則演算 — 더하기, 빼기, 곱하기, 나누기를 이용하여 하는 셈

사주 四柱 — 사람이 태어난 연도, 월, 일, 시간등을 통해 운세를 알아보는 점

사등분 四等分 — 하나를 네 개로 똑같은 분량을 나눔

이런 말도 있어요!

四方八方 사방팔방
넉사 모방 여덟팔 모방

'다양한 방향과 방면'을 가리키는 말.

1장. 함께 세어보아요!

자세히 알아볼까요?

五
총 4획

'**다섯**'이라는 뜻이며 '**오**'이라고 읽어요.

🍞 이렇게 써요!

一 ㄒ 云 五

🍞 이렇게 만들었어요!

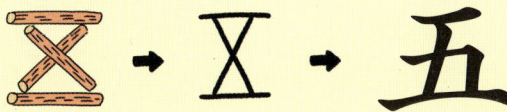

고대에 숫자 4까지는 막대기를 차례대로 눕히는 방식으로 숫자를 표기했고, 5부터는 막대기를 엇갈리게 놓는 방법으로 표현했어요.

🍞 이 한자와 달라요!

'**오전**' 수업은 여기까지 합시다!
오전의 '오'는 낮을 뜻하는 午야.

학교에서 보낸 이메일에 '**오류**'가 있네.
오류의 '오'는 잘못하다를 뜻하는 誤야.

'**증오**'는 결국 또 다른 비극을 불러와.
증오의 '오'는 미워하다를 뜻하는 惡야.

호로로 8급 한자　27

이렇게 쓰여요!
앞서 배운 한 자가 어떤 단어에 사용되는 지 예시로 알아보아요.

오미자차 五味子茶 — 오미자를 달인 물에 꿀이나 설탕을 타서 마시는 차

오일 五日 — 낮과 밤이 다섯 번 지난 기간

오목 五目 — 흰 돌과 검은 돌을 한 개 씩 번갈아 놓아서, 다섯 개를 한줄로 놓는 사람이 이기는 놀이

오곡 五穀 — 다섯 가지 곡식 쌀, 보리, 조, 콩, 기장

오대양 五大洋 — 지구를 둘러싼 다섯 개의 큰 바다

오대산 五臺山 — 강원도 평창에 있는 산

이런 말도 있어요!

五十步百步 오십보백보
다섯 오 열 십 걸음 보 일백 백 걸음 보

'오십 걸음 도망간 사람이 백 걸음 도망간 사람을 비웃는다'라는 뜻으로, 조금 차이는 있지만 거기서 거기라는 뜻.

1장. 함께 세어보아요!

훈 여섯 음 육 六

자세히 알아볼까요?

六
총 4획

'**여섯**'라는 뜻이며
'**육**'이라고 읽어요.

🍞 이렇게 써요!

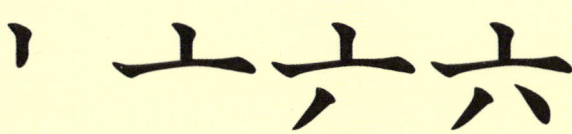

🍞 이렇게 만들었어요!

원래는 지붕이 있는 허름한 집의 모양이지만
이와 관계없이 숫자 '여섯'이라는 뜻으로 사용해요.

🍞 이 한자와 달라요!

호랑이는 '**육식**' 동물이야.
육식의 '육'은 고기를 뜻하는 肉이야.

엄마와 아빠는 동생을 같이 '**육아**'를 하고 있어!
육아의 '육'은 기르다를 뜻하는 育이야.

개구리는 '**육지**'에서도 물에서도 잘 살아!
육지의 '육'은 땅을 뜻하는 陸이야.

호로로 8급 한자

이렇게 쓰여요!
앞서 배운 한 자가 어떤 단어에 사용되는 지 예시로 알아보아요.

육하원칙 六何原則 — 누가, 언제, 어디서, 무엇을, 어떻게, 왜

육각형 六角形 — 여섯 개의 직선으로 둘러싸인 평면 도형

오장육부 五臟六腑 — 우리 몸의 내장 전체를 가리키는 말

유월 六月 — 6월, 1년 중 6번째 달

육십 六十 — 숫자 60

삼십육계 줄행랑 三十六計 — 위험이 닥쳤을 때, 도망가 몸을 지키는 게 가장 좋다는 의미

32 함께 세어보아요!

이런 말도 있어요!

三面六臂 삼면육비
석 삼　낯 면　여섯 육　팔 비

'얼굴이 세 개, 팔이 여섯 개'라는 뜻으로, 혼자서 여러 사람의 몫을 하는 일을 말함.

자세히 알아볼까요?

七
총 2획

'**일곱**'이라는 뜻이며 '**칠**'이라고 읽어요.

🍞 이렇게 써요!

🍞 이렇게 만들었어요!

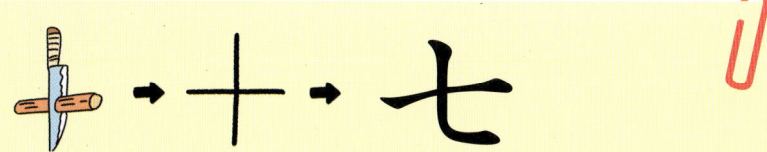

칼로 무언가를 자르는 모양이지만 十자와 헷갈려 끝을 구부려 지금의 七자가 됐어요. 후에 뜻은 '일곱'으로 쓰여요.

🍞 이 한자와 달라요!

예전에는 분필로 '**칠판**'에 글씨를 썼어!
칠판의 '칠'은 검게 칠하다를 뜻하는 漆이야.

'**칠흑**'같은 어둠을 뚫고, 밖으로 나왔어.
칠흑의 '칠'은 검다를 뜻하는 漆이야.

나는 쉬는 시간에 캐릭터 '**색칠**'하는 걸 좋아해!
색칠의 '칠'은 물건에 액체나 기름을 바르는 걸 뜻하는 漆이야.

이렇게 쓰여요!
앞서 배운 한 자가 어떤 단어에 사용되는 지 예시로 알아보아요.

북두칠성 北斗七星 — 큰 곰자리에서 가장 뚜렷하게 보이는 일곱 개의 별

칠순 七旬 — 70세

칠면조 七面鳥 — 칠면조 과의 새. 북아메리카에서는 추수감사절에 칠면조를 먹기도 함

칠석 七夕 — 오작교에서 견우와 직녀가 일년에 한 번 만나는 날

칠지도 七支刀 — 백제왕이 왜왕에게 하사한 일곱 개의 칼날이 달린 칼

칠층탑 七層塔 — 7층으로 쌓아 올린 탑

이런 말도 있어요!

七顚八起 칠전팔기
일곱 칠 엎드러질 전 여덟 팔 일어날 기

'일곱 번 넘어져도, 여덟 번째에 일어난다'는 뜻으로,
계속된 실패에도 포기하지 않고 결국 이뤄내는 것을 말함.

1장. 함께 세어보아요!

훈 여덟 음 팔 八

자세히 알아볼까요?

총 2획

'**여덟**'이라는 뜻이며 '**팔**'이라고 읽어요.

이렇게 써요!

이렇게 만들었어요!

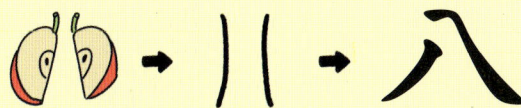

八자는 사물이 반으로 쪼개진 모습을 나타냈지만, 후에 상관없이 '여덟'의 뜻으로 쓰여요.

이 한자와 달라요!

밖에서 힘찬 '**나팔**' 소리가 들려서 놀랐어.
나팔의 '팔'은 악기인 나팔을 뜻하는 叭이야.

어제 무거운 짐을 날랐더니 '**팔**'이 아파.
우리 몸의 '팔'은 순 우리말이야.

다른 사람의 의견을 그대로 따라 말하는 사람을 '**나팔수**'라고 해.
나팔의 '팔'은 악기인 나팔을 뜻하는 叭이야.

호로로 8급 한자 39

이렇게 쓰여요!
앞서 배운 한 자가 어떤 단어에 사용되는 지 예시로 알아보아요.

상팔자 上八字 아주 좋은 팔자

팔방미인 八方美人 여러 분야에서 뛰어난 사람을 가리키는 말

사통팔달 四通八達 길이 모든 방향으로 연결되어 있음

팔불출 八不出 몹시 어리석은 사람, 자기 것을 과하게 자랑하는 사람

팔각정 八角亭 지붕을 팔각으로 지은 정자

팔십 八十 숫자 80

이런 말도 있어요!

八面不知 팔면부지
여덟팔 낯면 아닐부 알지

여러 번 봐도 전혀 누군지 모르겠는 사람을 뜻함.

1장. 함께 세어보아요!

훈 **아홉** 음 **구** 九

자세히 알아볼까요?

九
총 2획

'**아홉**'이라는 뜻이며 '**구**'라고 읽어요.

🍞 이렇게 써요!

ノ 九

🍞 이렇게 만들었어요!

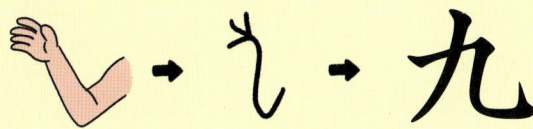

九자는 사람의 팔꿈치의 뜻이였지만, 숫자 '아홉'을 나타내요.

🍞 이 한자와 달라요!

아무리 더 먹고 싶다고 '**요구**' 해도 더 줄 순 없어!
요구의 '구'는 빌다, 요청하다는 뜻을 가진 求야.

'**친구**'랑 놀고 싶긴 한데, 숙제도 있어서 고민 중이야.
친구의 '구'는 오래되다는 뜻을 가진 舊야.

'**입구**' 앞에 세워 둔 간판을 조심해!
입구의 '구'는 사람이 들어오고 나가는 곳이라는 뜻을 가진 口야.

호로로 8급 한자　43

이렇게 쓰여요!
앞서 배운 한 자가 어떤 단어에 사용되는 지 예시로 알아보아요.

구미호 九尾狐 — 꼬리가 아홉 개 달린 여우

구사일생 九死一生 — 아홉 번 죽을뻔하다 한 번 살아난다는 뜻

십중팔구 十中八九 — 열 중에 여덟이나 아홉으로 거의 다 맞는 것을 말함

구리시 九里市 — 경기도에 있는 도시

구만리 九萬里 — 아주 먼 거리를 뜻함

구절초 九節草 — 국화과의 여러해살이풀. 한방에서 약재로 많이 쓰임

이런 말도 있어요!

九尺長身 구척장신
아홉구 자척 길장 몸신

아주 큰 키를 말할 때 사용하는 말.

1장. 함께 세어보아요!

자세히 알아볼까요?

十
총 2획

'**열**'이라는 뜻이며
'**십**'이라고 읽어요.

🍞 **이렇게 써요!**

🍞 **이렇게 만들었어요!**

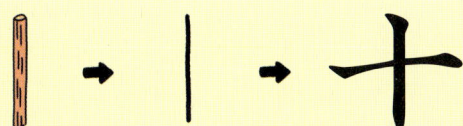

옛날에는 막대기를 세운 모양으로 숫자 10을 표기했지만, 후에 가운데 획을 그은 모양으로 발전하여 지금의 十자가 만들어지게 됐어요.

🍞 **이렇게도 써요!**

각자 먹고 싶은 아이스크림을 이야기했더니 '**십인십색**'이라 한 종류만 사갔어.
'십인십색'은 생각이나 취향이 사람마다 모두 다르다는 뜻이야.

한입만 먹겠다고 해 놓고, 다 먹어버리기 '**십상**'이야.
'십상'은 열에 아홉이란 뜻으로, 거의 대부분이라는 뜻이야.

화가가 되기 위한 '**십년지계**'의 첫 계획은 스케치북을 사는 거야.
'십년지계'는 앞으로 10년을 목표로 한 계획이란 뜻이야.

이렇게 쓰여요!
앞서 배운 한 자가 어떤 단어에 사용되는 지 예시로 알아보아요.

십년지기 十年知己 — 오래 전부터 사귀어 온 친구

십자가 十字架 — 기독교도를 상징하는 십자 모양의 표

십대 十代 — 열 살부터 열 아홉 살까지의 소년을 부르는 말

십분 十分 — 아주 충분히

십리 十里 — 열 리. 4km 거리를 가리킴

십시일반 十匙一飯 — 여러 사람이 조금씩 힘을 합하면 한 사람을 돕기 쉬움을 가리키는 말

이런 말도 있어요!

十年減壽 십년감수
열십 해년 덜감 목숨수

'목숨이 십년이나 줄어든다'는 뜻으로, 위험하거나 놀랐을 때 쓰는 말.

1장. 함께 세어보아요!

훈: 일만 음: 만 萬

자세히 알아볼까요?

'**일만**'이라는 뜻이며 '**만**'이라고 읽어요.

총 12획

🍞 이렇게 써요!

🍞 이렇게 만들었어요!

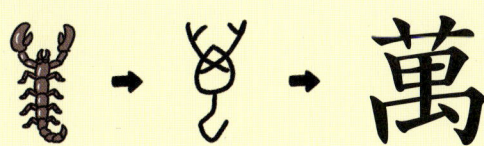

원래 전갈을 표현하기 위한 글자였지만, 후에 숫자 '일만'의 뜻으로 바뀌었어요.

🍞 이 한자와 달라요!

오늘 목표한 만큼 숙제를 일찍 완료해서 '**만족**'스러워.
만족의 '만'은 가득 차다는 뜻을 가진 滿이야.

몇 번 이겼다고 완전 '**거만**'해진 거야?
거만의 '만'은 건방지다의 뜻을 가진 慢이야.

'**조만간**' 너희 집으로 밥 먹으러 갈게!
조만간의 '만'은 늦다는 뜻을 가진 晩이야.

호로로 8급 한자

이렇게 쓰여요!
앞서 배운 한 자가 어떤 단어에 사용되는 지 예시로 알아보아요.

만약 萬若 — 혹시 있을지도 모르는 뜻밖의 경우

만물 萬物 — 세상에 있는 모든 물건

만능 萬能 — 여러 일을 잘 함

만세 萬歲 — 좋은 일이나 축하하기 위해 두 손을 높이 들면서 외치는 말

오만상 五萬相 — 얼굴을 잔뜩 찌푸린 모양

만우절 萬愚節 — 4월 1일. 가벼운 거짓말로 서로 속이면서 즐기는 날

이런 말도 있어요!

氣高萬丈 기고만장
기운 기 높을 고 일만 만 어른 장

'기운이 만 장의 높이에 이를 만큼 높다'라는 뜻으로 지나치게 우쭐대거나, 기세등등한 상태를 말함.

1장. 함께 세어보아요!

훈 달 음 월 月

자세히 알아볼까요?

月
총 4획

'**달**'이라는 뜻이며
'**월**'이라고 읽어요.

🍞 **이렇게 써요!**

丿 几 月 月

🍞 **이렇게 만들었어요!**

🌙 →) → 月

초승달의 모양이에요.

🍞 **이 한자와 달라요!**

역시 빨리 일어나는 것은 '**탁월**'하구나!
탁월의 '월'은 넘다는 뜻을 가진 越이야.

어제 미리 책을 읽었더니
오늘 독후감 쓰는 데 '**수월**'했어.
수월의 '월'은 넘다는 뜻을 가진 越이야.

오늘 낚시터에서 '**월척**'을 낚을 거야.
월척의 '월'은 초과하다는 뜻을 가진 越이야.

호로로 8급 한자   55

이렇게 쓰여요!
앞서 배운 한 자가 어떤 단어에 사용되는 지 예시로 알아보아요.

월급 月給 한 달을 단위로 하여 지급하는 돈

월요일 月曜日 월요일을 기준으로 한 주의 첫 번째 날

월간잡지 月刊雜誌 한 달에 한 번씩 내는 잡지

월식 月蝕 달이 지구의 그림자에 가려 일부나 전부가 가려진 현상

수개월 數個月 2~3달, 또는 여러달

생년월일 生年月日 태어난 해와 달, 날

이런 말도 있어요!

月白風清 월백풍청
달 월 흰 백 바람 풍 맑은 청

'달이 밝고, 바람이 시원하다'라는 뜻으로, 가을밤의 풍경을 묘사한 말.

1장. 함께 세어보아요!

훈 불 음 화 火

자세히 알아볼까요?

火
총 4획

'불'이라는 뜻이며
'화'라고 읽어요.

🍞 **이렇게 써요!**

丶　丷　少　火

🍞 **이렇게 만들었어요!**

🍞 **이 한자와 달라요!**

저 꽃이 시들지 않는 이유는
'조화'이기 때문이야.
조화의 '화'는 꽃이라는 뜻을 가진 花야.

'화목'한 분위기에서 행사가 진행 되었어.
화목의 '화'는 사이가 좋다는 뜻을 가진 和야.

오늘은 문화의 날을 맞아 '영화'를 보기로 했어!
영화의 '화'는 그림이라는 뜻을 가진 畵야.

이렇게 쓰여요!
앞서 배운 한 자가 어떤 단어에 사용되는 지 예시로 알아보아요.

화성 火星 　태양계 중 태양으로부터 네 번째에 있는 행성

화요일 火曜日 　월요일을 기준으로 한 주의 두 번째 날

화산 火山 　땅속의 마그마와 암석, 가스 등이 땅위로 뿜어져 나오는 현상

화력 火力 　불의 세기

소화기 消火器 　불을 끄는 기구

점화 點火 　불을 붙이거나 켬

이런 말도 있어요!

♣ **風前燈火** **풍전등화**
바람 풍 앞 전 등 등 불 화

'바람 앞의 등불'이라는 뜻으로,
바람으로 불이 꺼지기 직전처럼 아슬아슬한 상황을 말함.

1장. 함께 세어보아요!

훈: 물 음: 수 水

자세히 알아볼까요?

水
총 4획

'물'이라는 뜻이며
'수'라고 읽어요.

이렇게 써요!

丁 기 才 水

이렇게 만들었어요!

시냇물 위로 비가 내리는 모습이 담겨있어요.

이 한자와 달라요!

백일장에서 내가 쓴 글이 '우수'상에 뽑혔어!
우수의 '수'는 뛰어나다는 뜻을 가진 秀야.

우리가 사는 환경과
다른 환경에서 자란 사람을 '수용'할 줄도 알아야 해!
수용의 '수'는 받다는 뜻을 가진 受야.

자기 전에 '세수'하는 습관을 들여야 해.
세수의 '수'는 손을 뜻하는 手야.

이렇게 쓰여요!
앞서 배운 한 자가 어떤 단어에 사용되는 지 예시로 알아보아요.

수영장 水泳場 — 수영하면서 놀거나 수영 경기를 할 수 있는 곳

수분 水分 — 축축한 물의 느낌

수력발전소 水力發電所 — 물이 떨어지는 힘을 이용해 에너지를 만드는 발전소

수압 水壓 — 물의 무게로 인한 압력

수심 水深 — 물의 깊이

수달 水獺 — 족제빗과의 포유류

이런 말도 있어요!

我田引水 아전인수
나아 밭전 끌인 물수

'농사 지을 때 자기 논에만 물을 끌어온다'라는 뜻으로, 자기 이익만 생각하거나 자신에게 유리 한대로 해석하는 것.

1장. 함께 세어보아요!

훈 **나무** 음 **목** 木

자세히 알아볼까요?

木
총 4획

'**나무**'라는 뜻이며 '**목**'이라고 읽어요.

🍞 **이렇게 써요!**

一 十 才 木

🍞 **이렇게 만들었어요!**

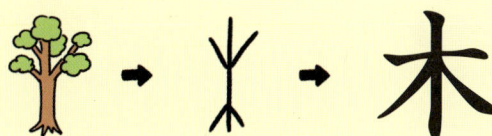

나무의 뿌리와 가지가 함께 표현되어있는 모습이에요.

🍞 **이 한자와 달라요!**

호로로가 찬 공이 멀리 날아가자 사람들의 '**이목**'을 끌었어.
이목의 '목'은 눈을 뜻하는 目이야.

이번 주말에 강원도에 있는 양 떼 '**목장**'에 다녀왔어!
목장의 '목'은 가축을 기르다는 뜻을 가진 牧이야.

주말에 하는 축구 시합은 대부분 '**친목**'을 목적으로 하고 있어.
친목의 '목'은 사이가 좋다는 뜻을 가진 睦이야.

이렇게 쓰여요!
앞서 배운 한 자가 어떤 단어에 사용되는 지 예시로 알아보아요.

목공 木工   나무를 이용해 물건을 만드는 일

초목 草木   풀과 나무

식목일 植木日   4월 5일. 나무를 많이 심도록 국가에서 정한 날

수목원 樹木園   관찰, 연구를 위해 여러 나무를 기르는 곳

각목 角木   모서리를 모가 나게 깎은 나무

목요일 木曜日   월요일을 기준으로 한 주의 네 번째 날

이런 말도 있어요!

乾木生水 건목생수
마를 건 나무 목 날 생 물 수

'물이 없는 마른 나무에서 물을 짜낸다'라는 뜻으로, 말이 안되는 일을 하는 것을 말함.

너 내일 국어 시험이라면서?

응응! 그래서 지금 열심히 준비 중이야.

뭘 그렇게 열심히 하는데?

국어엔 역시 만화책이지!

오늘 아침부터 한 30권 정도를 봤거든? 내일 시험 만점 맞을 거 같아.

그런 걸 건목생수라고 한단다.

1장.
함께 세어보아요!

훈 쇠 음 금 金

자세히 알아볼까요?

金
총 8획

'쇠'라는 뜻이며
'금'이라고 읽어요.

🍞 이렇게 써요!

丿 𠆢 亽 𠆢 㐅 㑒 余 金

🍞 이렇게 만들었어요!

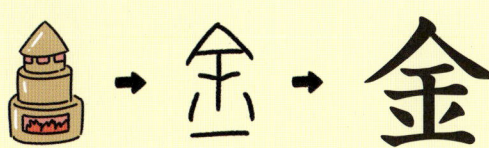

금속으로 만든 가마의 모양이에요.

🍞 이 한자와 달라요!

'**지금**'부터 공부해도 늦지 않았어!
지금의 '금'은 이제를 뜻하는 今이야.

어제부터 자꾸 거짓말을 했으니
게임은 당분간 '**금지**'야!
금지의 '금'은 못하게 한다는 뜻을 가진 禁이야.

역시 식빵에는 딸기잼이 '**금상첨화**'야!
금상첨화의 '금'은 비단을 뜻하는 錦이야.

호로로 8급 한자

이렇게 쓰여요!
앞서 배운 한 자가 어떤 단어에 사용되는 지 예시로 알아보아요.

금요일 金曜日 — 월요일을 기준으로 한 주의 다섯 번째 날

금액 金額 — 돈의 액수

모금 募金 — 기부금이나 성금을 모으는 일

벌금 罰金 — 규약, 법을 어겼을 때, 벌로 내게 하는 돈

저금 貯金 — 돈을 모아둠. 혹은 모아둔 돈

임금 賃金 — 노동의 대가로 받은 돈

이런 말도 있어요!

見金如石 견금여석
볼견 쇠금 같을여 돌석

'황금을 돌같이 본다'라는 뜻으로, 욕심을 절제하는 것을 말함.

호로로, 웬일로 햄버거를 하나도 안 먹어?

으응, 난 괜찮아. 너희들 많이 먹어. 절제할 줄도 알아야지.

피자도 안 먹지?

응, 욕심은 화를 부르는 법이야.

웬일이래? 완전 견금여석인데…

나도 절제할 줄 아는 돼지거든?

콜레스테롤이 높아서 병원에서 두 달간 밀가루를 먹지 말라고 했대…

아하…

흑흑…

호로로 8급 한자

1장. 함께 세어보아요!

훈: 흙 음: 토 土

자세히 알아볼까요?

土
총 3획

'흙'이라는 뜻이며
'토'라고 읽어요.

🍞 **이렇게 써요!**

一 十 土

🍞 **이렇게 만들었어요!**

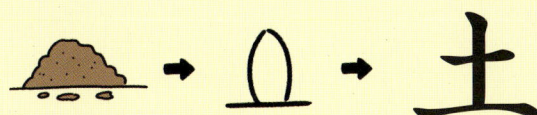

평지에 쌓은 흙 덩어리의 모습이 담겨있어요.

🍞 **이 한자와 달라요!**

힘들었던 점을 '토로'하고 나니 마음이 편해졌어.
토로의 '토'는 털어놓다의 뜻을 가진 吐야.

저녁 식사 자리에서 내일 아침을 어떤 걸 먹을지 '토론'이 벌어졌다.
토론의 '토'는 탐구, 연구하다는 뜻을 가진 討야.

영조는 이인좌의 난을 막기 위해 '토벌'대를 보냈어.
토벌의 '토'는 공격하다는 뜻을 가진 討야.

호로로 8급 한자

이렇게 쓰여요!
앞서 배운 한 자가 어떤 단어에 사용되는 지 예시로 알아보아요.

토요일 土曜日 — 월요일을 기준으로 한 주의 여섯 번째 날

토기 土器 — 진흙으로 만들어 유약을 바르지 않고 구운 그릇

토양 土壤 — 식물에 영양을 공급하여 자라게 할 수 있는 흙

토산 土山 — 돌이나 바위가 없이 대부분 흙으로만 이루어진 산

토종 土種 — 그곳에서 나는 종자

토성 土星 — 태양계에서 태양으로부터 여섯 번째 행성

이런 말도 있어요!

捲土重來 권토중래
거둘 권　흙 토　무거울 중　올 래

'흙먼지를 날리며 다시 온다'라는 뜻으로, 한 번 실패에 굴하지 않고 몇 번이고 다시 도전하는 것을 말함.

1장.
함께 세어보아요!

훈: 날 음: 일 日

자세히 알아볼까요?

日
총 4획

'날'이라는 뜻이며
'일'이라고 읽어요.

🍞 **이렇게 써요!**

丨 冂 冃 日

🍞 **이렇게 만들었어요!**

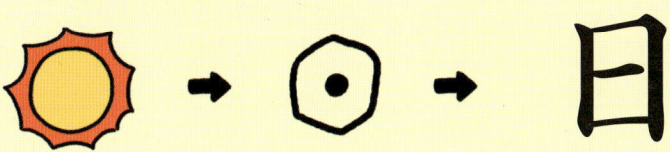

🍞 **이 한자와 달라요!**

어제 학원을 안 가고
오락실에 가는 '일탈'을 저질렀어.
일탈의 '일'은 달아나다는 뜻을 가진 逸이야.

'해일'이 일어나서,
온 마을이 물에 잠기는 큰 피해를 입었다.
해일의 '일'은 넘치다의 뜻을 가진 溢이야.

이 가게 만두는 서울 '제일'이야.
제일의 '일'은 숫자 하나를 뜻하는 一이야.

호로로 8급 한자

이렇게 쓰여요!
앞서 배운 한 자가 어떤 단어에 사용되는 지 예시로 알아보아요.

일주일 一週日
한 주일, 또는 7일

휴일 休日
일요일이나 공휴일처럼 일을 하지 않고 쉬는 날

일기 日記
매일의 일이나, 생각, 느낌을 적는 개인 기록

일몰 日沒
해가 지는 모습

일정 日程
그날 해야 할 일

생일 生日
세상에 태어난 날

이런 말도 있어요!

日就月將 일취월장
날 일 나아갈 취 달 월 장차 장

'날마다 달마다 실력이 향상된다'라는 뜻으로, 나날이 솜씨가 늘어남을 말함.

1장. 함께 세어보아요! 해(훈) 년(음) 年

자세히 알아볼까요?

年
총 6획

'해'라는 뜻이며
'년'이라고 읽어요.

🍞 **이렇게 써요!**

丿 ⺈ 亠 午 뚜 年

🍞 **이렇게 만들었어요!**

年자는 禾(벼 화)자와 人(사람 인)자가 합쳐졌어요.
농부들이 추수를 하면 한 해를 마무리한다는 뜻이에요.

🍞 **이 한자와 달라요!**

오늘 야구 경기는 비가 와서 '연기' 됐어.
연기의 '연'은 늘이다는 뜻을 가진 延이야.

다음 주 수업 시간에는 변호사님이 오셔서
'강연'해 주시기로 했어.
강연의 '연'은 설명하다는 뜻을 가진 演이야.

이번에 같은 반이 된 호로로와는
같은 아파트에 사는 '인연'이 있어.
인연의 '연'은 관계를 뜻하는 緣이야.

이렇게 쓰여요!
앞서 배운 한 자가 어떤 단어에 사용되는 지 예시로 알아보아요.

연년생 年年生 — 한 살 터울로 낳은 아이

소년 少年 — 어린 남자아이를 가리키는 말

연세 年歲 — 나이를 높여 부르는 말

작년 昨年 — 올해의 바로 앞의 해

학년 學年 — 학교에서 수업하는 과목의 정도에 따라 구분한 단계

매년 每年 — 돌아오는 해마다

이런 말도 있어요!

千年萬年 천년만년
일천 천 해 년 일만 만 해 년

'천만년 또는 천년과 만년'이라는 뜻으로, 아주 오랜 세월을 말함.

- 메 산 山
- 집 실 室
- 동녘 동 東
- 서녘 서 西
- 남녘 남 南
- 북녘 북 北
- 나라 한 韓
- 문 문 門
- 바깥 외 外
- 나라 국 國
- 학교 교 校

2장.
함께 가봐요!
장소와 방향

2장. 함께 가봐요!

메산 山

자세히 알아볼까요?

山
총 3획

'메'라는 뜻이며
'산'이라고 읽어요.

이렇게 써요!

丨 凵 山

이렇게 만들었어요!

이 한자와 달라요!

무게를 '**분산**'해서 올렸더니
꽤 많은 물건을 올릴 수 있었어.
분산의 '산'은 흩어지다의 뜻을 가진 散이야.

'**계산**'을 잘못해서, 거스름돈을 덜 받았어.
계산의 '산'은 셈하다의 뜻을 가진 算이야.

친척이 사는 섬으로 가면
'**해산물**'을 마음껏 먹을 수 있어!
해산물의 '산'은 자라다의 뜻을 가진 産이야.

호로로 8급 한자

이렇게 쓰여요!
앞서 배운 한 자가 어떤 단어에 사용되는 지 예시로 알아보아요.

하산 下山 — 산에서 수련하다가 깨달음을 얻고 산을 내려오는 일

산맥 山脈 — 산봉우리가 이어져 있는 지형

팔도강산 八道江山 — 팔도의 강산, 우리나라 전체의 강산

북한산 北漢山 — 서울특별시와 경기도 고양시 사이에 있는 산

산림욕 山林浴 — 병 치료나 건강을 위해, 숲에서 산책하는 일

남산 南山 — 서울특별시 중구와 용산구 사이에 있는 산

이런 말도 있어요!

氷山一角 빙산일각
얼음 빙 메 산 한 일 뿔 각

'빙산의 한 뿔'이라는 뜻으로, 외부에서 보이는 모습은 극히 작은 부분이지만 나머지 큰 부분은 숨겨있다는 뜻.

2장. 함께 가봐요!

집실 (훈:집 음:실) 室

자세히 알아볼까요?

室
총 9획

'집'이라는 뜻이며
'실'이라고 읽어요.

🍞 이렇게 써요!

🍞 이렇게 만들었어요!

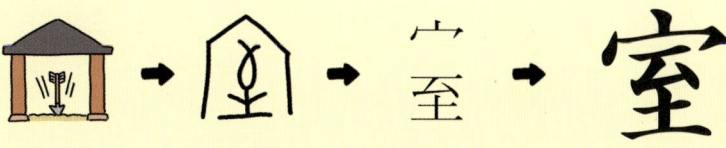

室자는 宀(집 면)자와 화살이 땅에 꽂혀있는 모양으로
至(이를 지)자가 합쳐진 모습이에요.

🍞 이 한자와 달라요!

'**성실**'하게 수학 수업을 들었더니,
구구단을 외우는 속도가 빨라졌어.
성실의 '실'은 진실하다는 뜻을 가진 實이야.

다른 사람의 외모를 함부로 이야기하는 건 '**실례**'야.
실례의 '실'은 잃다는 뜻을 가진 失이야.

가을이 되니까 감나무에 '**과실**'이 주렁주렁 열렸어.
과실의 '실'은 열매라는 뜻을 가진 實이야.

이렇게 쓰여요!
앞서 배운 한 자가 어떤 단어에 사용되는 지 예시로 알아보아요.

실내 室內 — 방이나 건물 안

화장실 化粧室 — 용변을 보거나, 손을 씻을 수 있는 공간

사무실 事務室 — 회사에서 자신이 맡은 일을 처리하는 공간

도서실 圖書室 — 사람들이 책을 볼 수 있도록 만든 공간

거실 居室 — 손님을 맞이하거나 가족들이 함께 모여 생활하는 공간

대기실 待機室 — 대기하는 사람이 기다리도록 마련된 방

이런 말도 있어요!

築室道謀 축실도모
쌓을 축 집 실 길 도 꾀 모

'집을 짓는 데, 지나가는 행인과 상의한다'라는 뜻으로, 어떤 일을 하는데 자기 주관이나 계획이 없는 것을 말함.

자세히 알아볼까요?

東
총 8획

'**동녘**'이라는 뜻이며
'**동**'이라고 읽어요.

🍞 이렇게 써요!

一 厂 ㄉ 疒 日 車 東 東

🍞 이렇게 만들었어요!

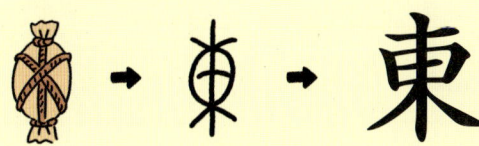

줄로 보따리를 묶어놓은 모양이었지만 후에 '동쪽'이라는 뜻으로 쓰여요.

🍞 이 한자와 달라요!

두 친구가 '**동시**'에
같은 이름을 말해서 놀랐어.
동시의 '동'은 함께라는 뜻을 가진 同이야.

오랜 시간 누워 있어서, 밖에서 '**활동**'하기 어려웠어.
활동의 '동'은 움직이다는 뜻을 가진 動이야.

'**동화**' 속에 나온 과자집이 여기 있었네!
동화의 '동'은 아이를 뜻하는 童이야.

이렇게 쓰여요!
앞서 배운 한 자가 어떤 단어에 사용되는 지 예시로 알아보아요.

동남아 東南亞 아시아의 동남부. 베트남, 인도네시아, 필리핀 등의 나라가 있음

정동진 正東津 강원도 강릉시 강동면 정동진리에 있는 바닷가. 해돋이로 유명

동양화 東洋畵 중국에서 비롯해 동양 여러나라에서 발달해온 그림

동의보감 東醫寶鑑 조선 시대, 허준이 편찬한 한방 의서로, 유네스코 세계 기록 유산으로 지정

동경 東京 일본의 수도 도쿄를 우리 한자음으로 읽은 이름

동해안 東海岸 우리나라 동쪽에 있는 해안

이런 말도 있어요!

東奔西走 동분서주
동녘 동 달릴 분 서녘 서 달릴 주

'동쪽으로 뛰어 갔다가, 서쪽으로 뛰어 간다'라는 뜻으로, 이리저리 바쁘게 돌아다는 모양을 말함.

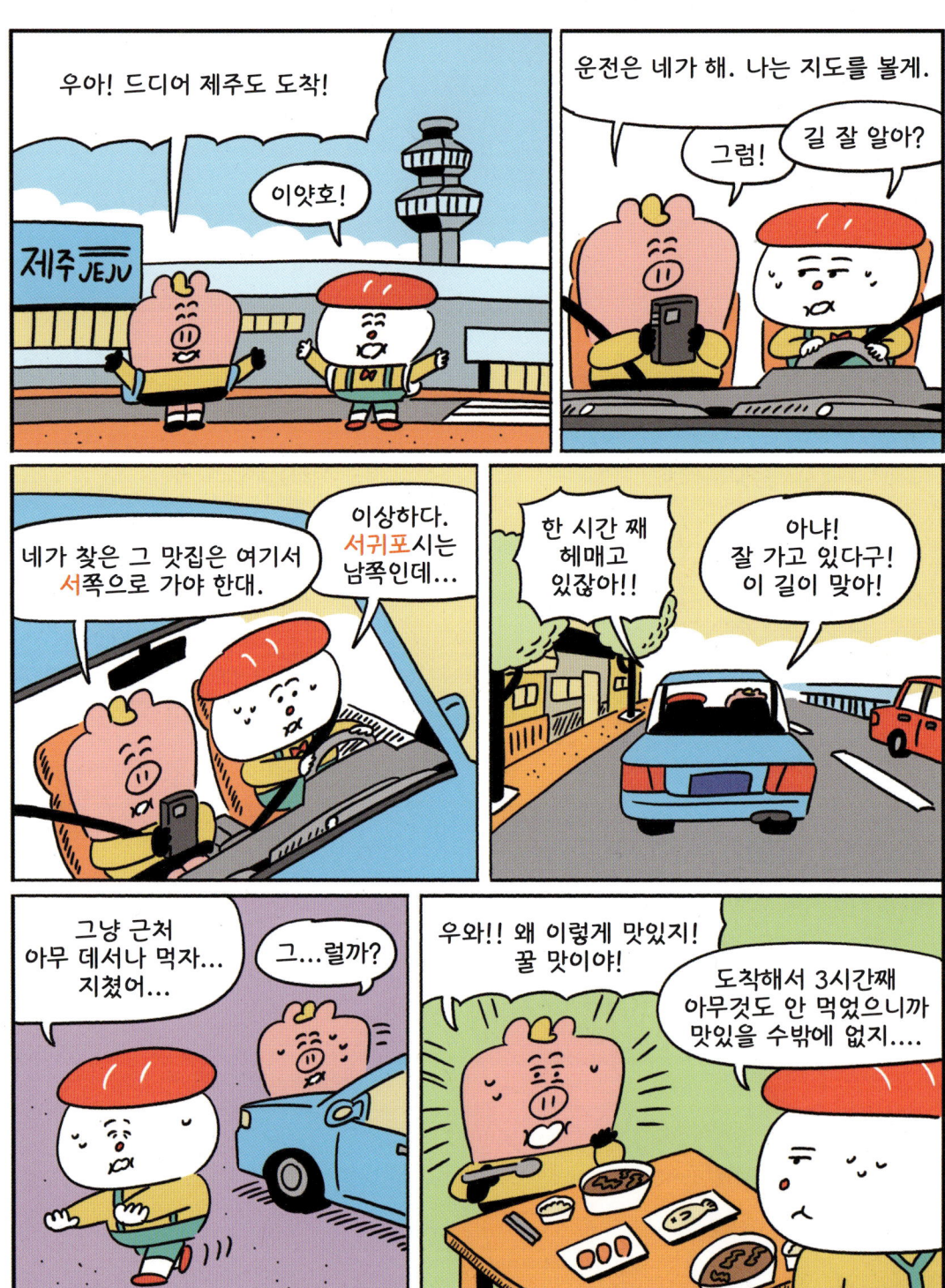

자세히 알아볼까요?

西
총 6획

'**서녘**'이라는 뜻이며 '**서**'라고 읽어요.

🍞 **이렇게 써요!**

一 丆 丆 丙 西 西

🍞 **이렇게 만들었어요!**

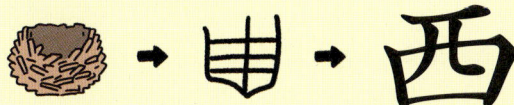

새집이나 둥지의 뜻으로 쓰였지만, 후에 '서쪽'이라는 뜻으로 바뀌었어요.

🍞 **이 한자와 달라요!**

엄마가 가져온 '**서류**'에는 빽빽하게 글자가 채워져 있었어!
서류의 '서'는 글자라는 뜻을 가진 書야.

박물관에 들어갈 때는 '**순서**'를 지켜서 들어가야 해.
순서의 '서'는 차례라는 뜻을 가진 序야.

이번 여름은 더위가 심해서, 남해 바다로 '**피서**'를 갔었어.
피서의 '서'는 덥다는 뜻을 가진 暑야.

호로로 8급 한자

이렇게 쓰여요!
앞서 배운 한 자가 어떤 단어에 사용되는 지 예시로 알아보아요.

서해 西海 — 우리나라 서쪽에 있는 바다로, 황해라고 부르기도 함

서양 西洋 — 유럽과 남북아메리카의 여러 나라를 통틀어 이르는 말

대서양 大西洋 — 유럽, 아프리카, 아메리카 대륙을 분리하는 큰 바다

편서풍 偏西風 — 지구의 중위도 지역에서 서쪽에서 동쪽으로 부는 바람

서대문 西大門 — 조선 시대에 세운 한양 도성의 서쪽 정문. 1915년에 철거되고 지금은 없음

서귀포 西歸浦 — 제주도 남부에 있는 시

이런 말도 있어요!

東問西答 동문서답
동녘 동 물을 문 서녘 서 대답 답

'동쪽을 묻는 데 서쪽을 대답한다'라는 뜻으로, 물음과 다른 엉뚱한 대답을 말함.

2장. 함께 가봐요!

훈 **남녘** 음 **남** 南

자세히 알아볼까요?

南
총 9획

'**남녘**'이라는 뜻이며 '**남**'이라고 읽어요.

🍞 이렇게 써요!

一 十 十 冇 冇 冇 肖 肖 南 南

🍞 이렇게 만들었어요!

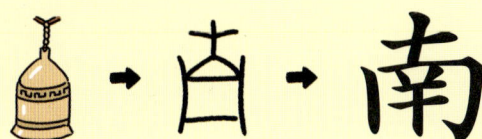

원래는 '종'이라는 뜻이었지만, 후에 '남쪽'이라는 뜻으로 불려요.

🍞 이 한자와 달라요!

첫째 아들을 '**장남**'이라고 해.
장남의 '남'은 남자아이라는 뜻을 가진 男이야.

약을 '**남용**'하면, 오히려 몸이 안 좋아질 수도 있어.
남용의 '남'은 넘치다는 뜻을 가진 濫이야.

누나의 '**남편**'을 매형이라고 해.
남편의 '남'은 남자를 뜻하는 男이야.

이렇게 쓰여요!
앞서 배운 한 자가 어떤 단어에 사용되는 지 예시로 알아보아요.

동서남북 東西南北 — 동쪽, 서쪽, 남쪽, 북쪽. 사방을 가리킴

남반구 南半球 — 적도를 경계로 지구를 둘로 나눴을 때 남쪽 부분

남향 南向 — 남쪽으로 향함, 또는 그 방향

최남단 最南端 — 가장 남쪽 끝

강남 江南 — 한강 아래 지역

남극 南極 — 남극점을 중심으로 하는 넓은 대륙

이런 말도 있어요!

之南之北 지남지북
갈지 남녘남 갈지 북녘북

'남쪽으로도 가고 북쪽으로도 간다'라는 뜻으로, 어떤 일에 정하는 것 없이 이리저리 결정하지 못함.

자세히 알아볼까요?

北
총 5획

'**북녘**'이라는 뜻이며 '**북**'이라고 읽어요.

🍞 이렇게 써요!

丨 丨 ㅓ ㅓ-ㅓ-北

🍞 이렇게 만들었어요!

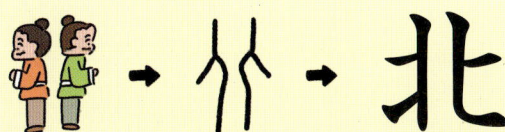

두 사람이 등을 지고 있는 모양으로, 원래는 '등지다'라는 뜻이었어요.
그당시 남향을 바라보는 집이 정착하여,
그 반대의 등 뒤쪽이라는 '북쪽'의 뜻도 갖게 되었어요.

🍞 이 한자와 달라요!

지하철에 있는 임산부 '**배려**'석은 비워줘야 해!
배려의 '배'는 나누다의 뜻을 가진 配야.

여행가서 찍은 사진 속 '**배경**'이 참 예쁘다!
배경의 '배'는 뒤를 뜻하는 背야.

너랑 다른 팀이라고 '**배척**'하는 것은 옳지 않아!
배척의 '배'는 밀다는 뜻을 가진 排야.

이렇게 쓰여요!
앞서 배운 한 자가 어떤 단어에 사용되는 지 예시로 알아보아요.

북악산 北嶽山 — 서울특별시의 경복궁 북쪽에 있는 산

패배 敗北 — 승부에서 짐

북극 北極 — 나침반이 가리키는 북쪽 방향의 끝에 있는 대륙

북어 北魚 — 말린 명태

북경 北京 — '베이징'을 우리 한자음으로 읽은 이름

북한 北韓 — 남북으로 분단 된 대한민국의 휴전선 북쪽 지역을 의미

이런 말도 있어요!

北轅適楚 북원적초
북녘 북 끌채 원 맞을 적 초나라 초

'북쪽으로 가야 하는데, 남쪽인 초나라의 방향으로 간다'라는 뜻으로, 의도와 행동이 어긋남을 말함.

2장. 함께 가봐요!

나라 훈 한국   음 한   韓

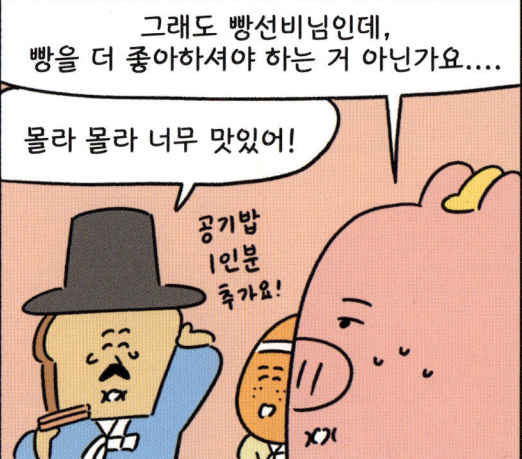

자세히 알아볼까요?

총 17획

'**나라**'
'**한국**'이라는 뜻이며
'**한**'이라고 읽어요.

🍞 이렇게 써요!

🍞 이렇게 만들었어요!

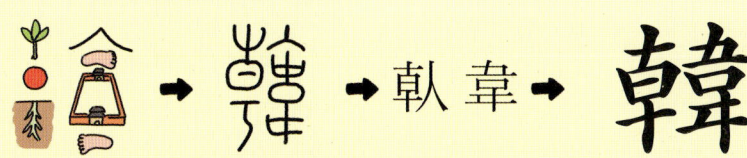

韓자는 倝(햇빛 간)자와 韋(가죽 위)자가 합친 모양으로,
해가 성을 비추는 모습을 나타내고, 아침의 나라인 한국을 뜻해요.

🍞 이 한자와 달라요!

'**한파**'를 대비해, 두꺼운 옷을 여러 벌 샀어.
한파의 '한'은 차갑다는 뜻을 가진 寒이야.

학생들이 수업 듣는 시간이면
학교 근처 떡볶이 집은 '**한가**'해.
한가의 '한'은 여유가 있다는 뜻을 가진 閑이야.

와! 이 피자 세 조각만 더 먹으면 '**여한**'이 없겠다!
여한의 '한'은 억울한 마음을 뜻하는 恨이야.

호로로 8급 한자

이렇게 쓰여요!
앞서 배운 한 자가 어떤 단어에 사용되는 지 예시로 알아보아요.

한국 韓國 — 대한민국을 줄여서 부르는 말

한우 韓牛 — 소의 한 품종, 우리나라에서 내려온 종

한옥 韓屋 — 우리나라 고유의 형식으로 지은 집

한복 韓服 — 우리나라의 고유한 옷

한약 韓藥 — 한방에서 사용하는 약

한식 韓食 — 우리나라 고유의 음식이나 식사

이런 말도 있어요!

韓信匍匐 한신포복
나라 한 믿을 신 길 포 길 복

한신이라는 자가 부끄러움을 감수하고 엎드려갔다는 일화에서 나온 말로, 큰 뜻을 가진 자는 부끄러움을 참고 이겨낼 줄 알아야 한다는 뜻.

호로로 8급 한자

2장. 함께 가봐요!

훈 문 음 문 門

자세히 알아볼까요?

門
총 8획

'문'이라는 뜻이며
'문'이라고 읽어요.

🍞 이렇게 써요!

丨 丨 厂 厂 戶 戶 門 門 門 門

🍞 이렇게 만들었어요!

🚪 → 門 → 門

양쪽으로 열리는 대문을 표현한 모습이에요.

🍞 이 한자와 달라요!

중국집에 짜장면 세 그릇,
탕수육 하나 '주문'해 줘.
주문의 '문'은 글자를 뜻하는 文이야.

오늘 점심은 치킨이라는 '소문'은 진짜였어.
소문의 '문'은 듣다는 뜻을 가진 聞이야.

약속 장소에 늦게 나온 이유가 '의문'이 생겨.
의문의 '문'은 묻다는 뜻을 가진 問이야.

호로로 8급 한자 117

이렇게 쓰여요!
앞서 배운 한 자가 어떤 단어에 사용되는 지 예시로 알아보아요.

전문가 專門家 — 어떤 분야의 상당한 지식과 경험을 가진 사람

창문 窓門 — 벽이나 지붕에 낸 문

출입문 出入門 — 건물에 들어오고 나갈 수 있는 문

입문 入門 — 어떤 분야나 일을 처음 배우는 일

문하생 門下生 — 스승의 집에 머무르며 가르침을 받는 제자

문단속 門團束 — 사고가 없도록 문을 잘 닫아 잠그는 일

이런 말도 있어요!

門前成市 문전성시
문문 앞전 이룰성 시장시

'대문 앞이 시장을 떠올리게 하다'라는 뜻으로, 사람들이 북적북적한 상황을 말함.

2장. 함께 가봐요!

훈 **바깥** 음 **외** 外

자세히 알아볼까요?

外
총 5획

'**바깥**'이라는 뜻이며 '**외**'라고 읽어요.

🍞 이렇게 써요!

丿 ⁄ 夕 夘 外

🍞 이렇게 만들었어요!

🌙 🐢 → 夘 → 夕卜 → 外

外자는 夕(저녁 석)자와 卜(점 복)자가 결합한 모습이에요.

🍞 이 한자와 달라요!

'**외람**'된 이야기지만, 나도 호로로 만큼 먹을 수 있어.
외람의 '외'는 행동과 생각이 지나치다는 뜻을 가진 猥야.

선생님은 잘못된 일에는 호랑이 같지만, 세심하게 챙겨 주셔서 우리 학교 '**경외**'의 대상이야.
경외의 '외'는 무서워하다는 뜻을 가진 畏야.

화가 난 선생님의 '**외침**'이 다른 반 교실에도 들렸어.
외침의 '외'는 순 우리말이야.

호로로 8급 한자   121

이렇게 쓰여요!
앞서 배운 한 자가 어떤 단어에 사용되는 지 예시로 알아보아요.

제외 除外 — 따로 떼어내, 범위에 포함시키지 않음

해외 海外 — 다른 나라를 가리키는 말

과외 課外 — 학교 수업 이외의 수업

외국인 外國人 — 다른 나라 사람

외교 外交 — 다른 나라와 정치, 경제, 문화적 관계를 맺음

외식 外食 — 밖에서 음식을 사 먹음. 또는 그런 식사

이런 말도 있어요!

外柔內剛 외유내강
바깥 외 부드러울 유 안 내 굳셀 강

'겉으로 보기에는 부드러우나 속은 강하다'라는 뜻으로, 겉모습은 부드럽지만, 마음이 강한 사람을 뜻함.

2장. 함께 가봐요!

훈 **나라** 음 **국** **國**

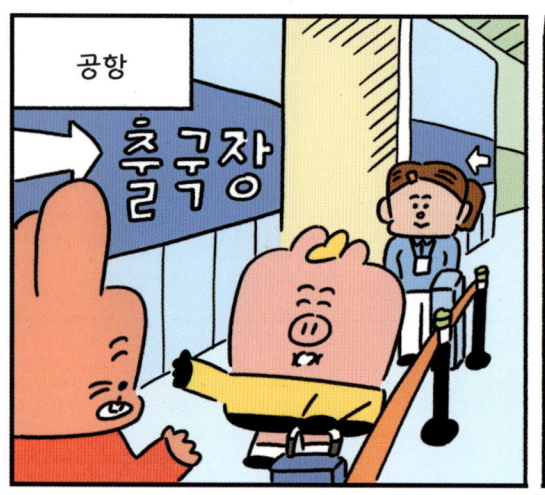

자세히 알아볼까요?

國
총 11획

'**나라**'라는 뜻이며
'**국**'이라고 읽어요.

🍞 이렇게 써요!

丨 冂 冂 冂 冋 冋 冋 囨 國 國

🍞 이렇게 만들었어요!

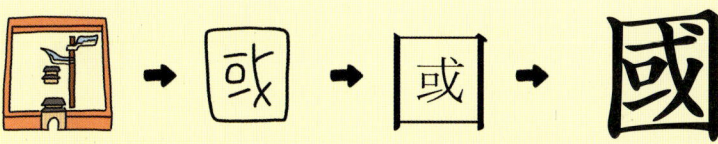

國자는 囗(에운담 위)자와 或(혹 혹)자가 합쳐졌어요.
或자는 창을 들고 나라와 국민을 지키는 모습을 나타내요.

🍞 이 한자와 달라요!

모두가 욕심 냈기 때문에
'**결국**' 아무도 보물을 갖지 못했어.
결국의 '국'은 어떤 일이 일어난 상황을 뜻하는 局이야.

'**우체국**'에서 편지나 택배를 보낼 수 있어.
우체국의 '국'은 어떤 일을 하는 기관을 뜻하는 局이야.

장례식장에서 흰 '**국화**'를 자주 볼 수 있어.
국화의 '국'은 꽃 종류의 하나인 국화를 뜻하는 菊이야.

이렇게 쓰여요!
앞서 배운 한 자가 어떤 단어에 사용되는 지 예시로 알아보아요.

대한민국 大韓民國 — 한반도와 크고 작은 온갖 섬들로 이루어진 민주 공화국

국어 國語 — 한 나라의 국민이 쓰는 말

국가 國家 — 영토, 사람, 주권을 가진 단체를 가리키는 말

국민 國民 — 국가에 살고 있는 사람들

애국가 愛國歌 — 대한민국의 국가

국적 國籍 — 한 나라의 구성원이 되는 자격

이런 말도 있어요!

一國三公 일국삼공
한 일 나라 국 석 삼 공평할 공

'한 나라에 군주가 세 명이 있다'라는 뜻으로, 저마다 의견을 내어 누구의 의견을 들어야 하는지 난감한 상황을 뜻함.

최근에 여기 근처에 떡볶이 가게 생겼다는데 가본 사람?

으이구, 그게 언제 생겼는데… 여기서 3417 버스타고 두 정거장 뒤에 내리면 바로야.

아하! 고마…

아니야! 지하철 타는 게 훨씬 빠르다구!

다들 뭘 모르는군! 지름길로 걸어가는 게 제일 빨라! 교통비 아끼면 슬러시 하나 사 먹을 수 있다구!

일국삼공이네, 알아서 갈게…

2장. 함께 가봐요!

훈 학교 음 교 校

자세히 알아볼까요?

校
총 10획

'**학교**'라는 뜻이며
'**교**'라고 읽어요.

🍞 **이렇게 써요!**

🍞 **이렇게 만들었어요!**

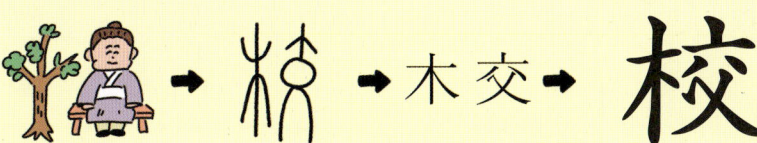

校자는 木(나무 목)자와 交(사귈 교)자가 결합한 모습이에요.

🍞 **이 한자와 달라요!**

주말에 우리 가족은 '**근교**'로 드라이브를 다녀.
근교의 '교'는 도시 근처라는 뜻을 가진 郊야.

부모님이 믿는 '**종교**'를 따라 주말에 절을 다녀.
종교의 '교'는 가르치다는 뜻을 가진 敎야.

가을은 '**일교차**'가 커서,
겉옷을 챙겨 다니는 게 좋아.
일교차의 '교'는 비교하다는 뜻을 가진 較야.

호로로 8급 한자 129

이렇게 쓰여요!
앞서 배운 한 자가 어떤 단어에 사용되는 지 예시로 알아보아요.

등교 登校 — 학생이 학교에 가는 일

하교 下校 — 공부를 마치고, 학교에서 집으로 돌아옴

교장 校長 — 학교에서 가장 높은 자리에 있는 사람

교복 校服 — 학교에서 학생들이 입도록 정한 옷

휴교 休校 — 학교가 수업을 쉬는 것

교가 校歌 — 학교를 상징하는 노래

이런 말도 있어요!

校正記號 교정기호
학교 교 바를 정 기록할 기 이름 호

문장을 고칠 때 잘못된 부분을 바로잡기 위한 지시를 나타내는 기호.

- 군사 군 軍
- 형 형 兄
- 아우 제 弟
- 백성 민 民
- 아버지 부 父
- 어머니 모 母
- 사람 인 人
- 여자 여 女
- 임금 왕 王
- 배울 학 學
- 가르칠 교 敎

3장.
이런 사람이에요!
직업과 호칭

3장. 이런 사람이에요!

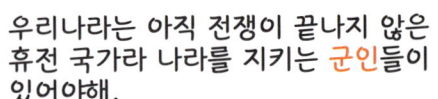
훈 군사 음 군 軍

우리나라는 아직 전쟁이 끝나지 않은 휴전 국가라 나라를 지키는 군인들이 있어야해.

육지를 지키는 육군!

바다를 지키는 해군!

하늘을 지키는 공군!

국군 장병 분들 덕분에 우리가 일상에서 편하게 생활할 수 있는거야.

감사합니다.

자세히 알아볼까요?

軍
총 9획

'군사'라는 뜻이며 '군'이라고 읽어요.

🍞 **이렇게 써요!**

丶 冖 冖 冖 冃 号 写 宣 軍

🍞 **이렇게 만들었어요!**

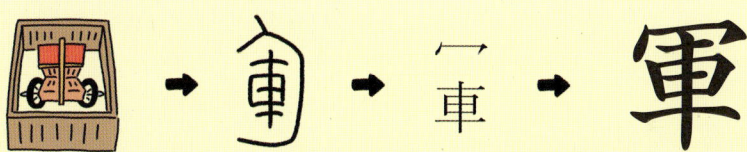

軍자는 車(수레 차)자와 冖(덮을 멱)자가 합쳐진 모습으로, 전차가 진지에 있는 모양으로, 군사, 군대를 나타내요.

🍞 **이 한자와 달라요!**

세종대왕처럼 백성을 사랑하는 왕을 '성군'이라고 해.
성군의 '군'은 임금님을 뜻하는 君이야.

빵선비가 좋아하는 빵집에는 다양한 종류의 빵들이 '군집'되어 있어.
군집의 '군'은 무리라는 뜻을 가진 群이야.

응가멍이 저렇게 화장실을 자주가는 거 보면 과민 대장 '증후군'이 아닐까?
증후군의 '군'은 무리를 뜻하는 群이야.

호로로 8급 한자

이렇게 쓰여요!
앞서 배운 한 자가 어떤 단어에 사용되는 지 예시로 알아보아요.

군인 軍人 — 군대에 있는 장교, 부사관, 병사를 통틀어 가리키는 말

군대 軍隊 — 적의 침략을 막기 위해, 일정한 규율과 질서를 가지고 조직된 집단

장군 將軍 — 군대를 지휘하고 통솔하는 우두머리

공군 空軍 — 하늘에서 공격과 방어의 임무를 수행하는 군대

해군 海軍 — 바다에서 공격과 방어의 임무를 수행하는 군대

육군 陸軍 — 육지에서 공격과 방어의 임무를 수행하는 군대

이런 말도 있어요!

孤軍奮鬪 고군분투
외로울 고 군사 군 떨칠 분 싸울 투

'홀로 남은 군대가 도움 없이 강한 적과 용감히 잘 싸운다'라는 뜻으로, 힘든 상황에서도 따로 도움 받지 않고 홀로 문제를 해결해 나가는 것을 뜻함.

3장. 이런 사람이에요!

자세히 알아볼까요?

兄
총 5획

'형'이라는 뜻이며
'형'이라고 읽어요.

🍞 **이렇게 써요!**

丨 冂 口 兄 兄

🍞 **이렇게 만들었어요!**

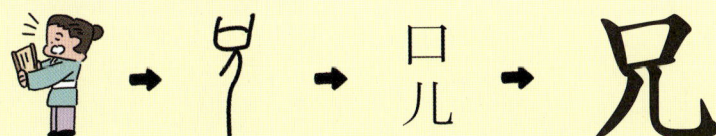

兄자는 口(입 구)자에 儿(어진사람 인)자가 결합한 모습인데,
이는 입을 크게 벌리고 있는 사람의 모양으로,
제사에서 글을 읽는 연장자의 모습을 표현하였고 후에 '형'의 뜻을 갖게 돼요.

🍞 **이 한자와 달라요!**

양손에 물건을 들 때는 '**균형**'을 잘 잡아야 해.
　　형태의 '형'은 모양을 의미하는 形이야.

아이스크림이 녹아서 '**형태**'가 알아볼 수 없게 됐어.
　　균형의 '형'은 저울대를 의미하는 衡이야.

책에서 중요한 부분은 '**형광**'펜으로
밑줄을 그어 놓으면 좋아.
　　형광의 '형'은 반딧불이를 뜻하는 螢이야.

호로로 8급 한자　139

이렇게 쓰여요!
앞서 배운 한 자가 어떤 단어에 사용되는 지 예시로 알아보아요.

형부 兄夫 — 언니의 남편

매형 妹兄 — 누나의 남편

학부형 學父兄 — 학생의 보호자를 가리키는 말

형수 兄嫂 — 형의 부인

의형제 義兄弟 — 의리로 맺어진 형제

처형 妻兄 — 아내의 언니

이런 말도 있어요!

兄友弟恭 — 형우제공
형 형   벗 우   아우 제   공손할 공

'형은 동생을 사랑하고, 동생은 형을 존경한다'라는 뜻으로, 형제 사이의 우애가 깊은 것을 뜻함.

3장.
이런 사람이에요!

훈 **아우** 음 **제** 弟

자세히 알아볼까요?

弟
총 7획

'아우'라는 뜻이며 '제'라고 읽어요.

🍞 이렇게 써요!

丶 丶 ⺍ ⺍ 弓 弟 弟

🍞 이렇게 만들었어요!

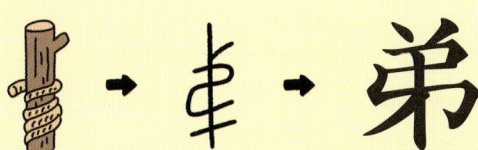

나무토막에 줄을 감는 모양으로 '순서'라는 뜻으로 쓰였지만, 후에 형제 간의 순서라는 개념에서 '동생'을 뜻하게 됐어요.

🍞 이 한자와 달라요!

먹는 거는 호로로가 '제일'이야.
제일의 '제'는 순서를 의미하는 第야.

이번 여름 방학 여행지 후보 중에 저번에 간 곳은 '제외'했어.
제외의 '제'는 없애다는 뜻을 가진 除야.

요새 게임을 너무 많이 해서 게임할 수 있는 시간 '제한'이 생겼어.
제한의 '제'는 정도를 조절하다는 뜻을 가진 制야.

호로로 8급 한자   143

이렇게 쓰여요!
앞서 배운 한 자가 어떤 단어에 사용되는 지 예시로 알아보아요.

형제 兄弟   형과 동생을 함께 가리키는 말

제자 弟子   스승으로부터 가르침을 받거나 받은 사람

사제 師弟   스승과 제자를 함께 가리키는 말

자제 子弟   다른 사람의 아들을 높여 부르는 말

매제 妹弟   여동생의 남편

처제 妻弟   아내의 여동생

이런 말도 있어요!

難兄難弟 난형난제
어려울 난 형 형 어려울 난 아우 제

'누구를 형이라 하고, 누구를 동생이라 부르기 어렵다'라는 뜻으로, 둘 사이에 우열을 가리기 어렵게 비슷비슷한 것을 말함.

3장. 이런 사람이에요!

백성 민 民

자세히 알아볼까요?

民
총 5획

'**백성**'이라는 뜻이며
'**민**'이라고 읽어요.

🍞 이렇게 써요!

フ ㄱ ㄳ 尸 民

🍞 이렇게 만들었어요!

송곳으로 사람의 눈을 찌르는 모습을 표현 했어요.
고대에는 노예의 왼쪽 눈을 멀게 하여 저항하거나 도망가지 못하도록 했어요.
나중에 노예라는 뜻에서 백성이라는 뜻으로 변했어요.

🍞 이 한자와 달라요!

호로로는 냄새에 '**예민**'해서
100미터 밖의 음식 냄새도 맞춰.
예민의 '민'은 빠르거나 똑똑하다는 뜻을 가진 敏이야.

숙제를 나만 안 해서 '**민망**'했어.
민망의 '민'은 부끄럽다는 뜻을 가진 憫이야.

호로로 인형을 살지
마구로센세 인형을 살지 '**고민**'이야.
고민의 '민'은 답답하다는 뜻을 가진 悶이야.

호로로 8급 한자 147

이렇게 쓰여요!
앞서 배운 한 자가 어떤 단어에 사용되는 지 예시로 알아보아요.

훈민정음 訓民正音 — 세종대왕이 창제한 우리나라 글자를 가리키는 말

시민 市民 — 시에 사는 사람

주민 住民 — 일정한 지역에 살고 있는 사람

민폐 民弊 — 옳지 못한 행동으로 다른 사람에게 괴로움을 주는 것

이민 移民 — 자기 나라를 떠나 다른 나라에 정착하는 것

농민 農民 — 농사짓는 일을 직업으로 삼는 사람

이런 말도 있어요!

良民誤捉 양민오착
어질 양 백성 민 그르칠 오 잡을 착

죄 없는 사람을 잘못 잡음.

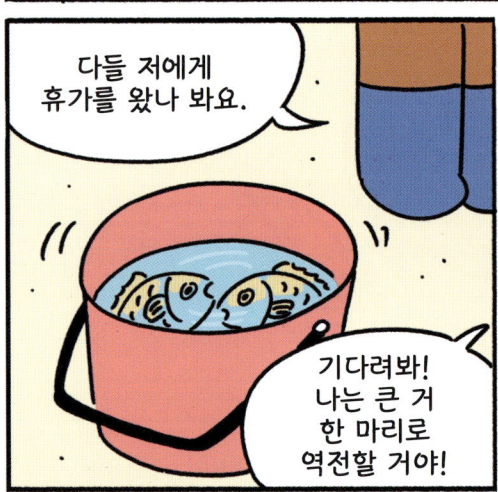

자세히 알아볼까요?

父
총 4획

'**아버지**'라는 뜻이며
'**부**'라고 읽어요.

🍞 **이렇게 써요!**

丶 ⸍ ⸍ 父

🍞 **이렇게 만들었어요!**

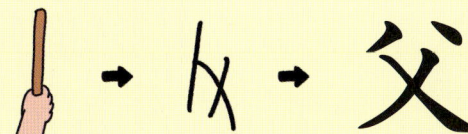

손에 막대기를 들고있는 모습으로,
과거에 집단 내에서 권력을 가지고 있는 사람을 나타내요.
'권력자'라는 뜻이었지만 후에 '아버지'라는 뜻을 가지게 됐어요.

🍞 **이 한자와 달라요!**

모두 실패하고, 나만 남아서 '**부담**'이 크다.
부담의 '부'는 떠맡다는 뜻을 가진 負야.

오늘 엄마, 아빠는 '**부부**' 모임에 가셨어.
부부의 '부'는 남편을 뜻하는 夫야.

연말에는 어려운 사람들을 돕기 위한
'**기부**' 행사가 많아.
기부의 '부'는 더하다는 뜻을 가진 附야.

호로로 8급 한자　151

이렇게 쓰여요!
앞서 배운 한 자가 어떤 단어에 사용되는 지 예시로 알아보아요.

어부 漁父 — 물고기 잡는 것을 직업으로 삼는 사람

사부 師父 — 스승을 아버지처럼 높여 부르는 말

신부 神父 — 가톨릭교의 사제

부성애 父性愛 — 자식에 대한 아버지의 사랑

부자 父子 — 아버지와 아들

부모 父母 — 아버지와 어머니를 함께 가리키는 말

이런 말도 있어요!

父風母習 부풍모습
아버지 부 바람 풍 어머니 모 익힐 습

모습이나 행동이 어머니와 아버지를 골고루 닮음.

자세히 알아볼까요?

母
총 5획

'**어머니**'라는 뜻이며 '**모**'라고 읽어요.

🍞 **이렇게 써요!**

🍞 **이렇게 만들었어요!**

아기에게 젖을 주는 어머니의 모습을 나타내요.

🍞 **이 한자와 달라요!**

머리카락을 다른 말로 '**모발**'이라고 해!
모발의 '모'는 털을 뜻하는 毛야.

세수를 하고 나니 잘생긴 '**용모**'가 드러났다.
용모의 '모'는 모양을 뜻하는 貌야.

이번에 선행상을 받는 친구는 다른 학생들에게 '**모범**'이 되었어.
모범의 '모'는 본받다는 뜻을 가진 模야.

이렇게 쓰여요!
앞서 배운 한 자가 어떤 단어에 사용되는 지 예시로 알아보아요.

모교 母校   자기가 다니거나, 졸업한 학교

효모 酵母   미생물, 순우리말로는 뜸방이라고도 부름

모녀 母女   어머니와 딸

산모 産母   아이를 갓 낳은 여자

분모 分母   분수에서 아래에 있는 수나 수식

모국어 母國語   태어나서 자란 나라의 말

이런 말도 있어요!

賢母良妻 현모양처
어질 현 어머니 모 어질 양 아내 처

'좋은 아내 또는 좋은 엄마'라는 뜻.

3장. 이런 사람이에요!

사람 인 人 (훈: 사람, 음: 인)

자세히 알아볼까요?

人
총 2획

'**사람**'이라는 뜻이며 '**인**'이라고 읽어요.

🍞 **이렇게 써요!**

ノ 人

🍞 **이렇게 만들었어요!**

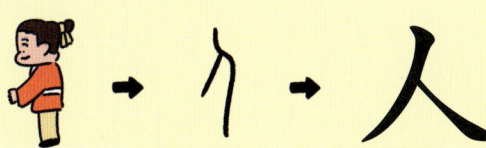

사람이 구부정하게 서있는 모습이에요.

🍞 **이 한자와 달라요!**

게임하고 싶은 마음을 '**인내**'하고, 숙제를 해냈어.
인내의 '인'은 참다의 뜻을 가진 忍이야.

우리가 갈 때마다 할머니는 '**인자**'하게 음식을 챙겨 주셔.
인자의 '인'은 사랑하다의 뜻을 가진 仁이야.

반장이 '**인솔**'해서 연극을 관람하러 갔어.
인솔의 '인'은 끌다는 뜻을 가진 引이야.

호로로 8급 한자 159

이렇게 쓰여요!
앞서 배운 한 자가 어떤 단어에 사용되는 지 예시로 알아보아요.

주인공 主人公 — 사건의 중심이 되는 사람

인사 人事 — 만나거나 헤어질 때 하는 말과 행동

인간미 人間味 — 친밀하고 정다운 인정의 느낌

인형 人形 — 사람이나 동물 모양으로 만든 장난감

인중 人中 — 코와 윗입술 사이에 오목하게 골이 진 곳

인공지능 人工知能 — 인간의 지능을 가진 다양한 기능이 가능한 컴퓨터 시스템

이런 말도 있어요!

人山人海 인산인해
사람 인 메 산 사람 인 바다 해

'사람이 산과 바다만큼 많이 있다'라는 뜻으로, 많은 사람이 모인 것을 말함.

3장. 이런 사람이에요!

훈 여자 **음** 녀  女

자세히 알아볼까요?

女
총 3획

'**여자**'라는 뜻이며
'**여/녀**'이라고 읽어요.

🍞 **이렇게 써요!**

く 夊 女

🍞 **이렇게 만들었어요!**

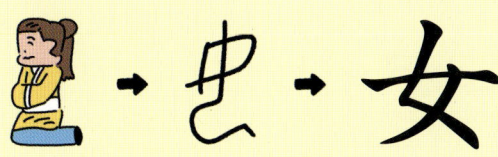

손을 모으고 있는 여자의 모양이에요.

🍞 **이 한자와 달라요!**

어머니는 회사에서 퇴근하시고 '**여가**' 시간에 그림을 그려.
여가의 '여'는 남다는 뜻을 가진 餘야.

오랜만에 봐도 너희 형제 사이는 '**여전**'히 좋구나.
여전의 '여'는 같다는 뜻을 가진 如야.

이번에 제주도를 다녀오는 '**여정**'은 힘들었어.
여정의 '여'는 여행하다는 뜻을 가진 旅야.

호로로 8급 한자

이렇게 쓰여요!
앞서 배운 한 자가 어떤 단어에 사용되는 지 예시로 알아보아요.

여자화장실 女子化粧室 — 성별이 여자인 사람을 위한 화장실

자녀 子女 — 아들과 딸을 함께 부르는 말

남녀노소 男女老少 — 남자, 여자, 노인, 어린이, 즉 모든 사람을 가리키는 말

자유의 여신상 女神像 — 미국 뉴욕에 있는 자유를 상징하는 여신상

득녀 得女 — 딸을 낳음

손녀 孫女 — 자녀의 딸

이런 말도 있어요!

女中豪傑 여중호걸
여자 여 가운데 중 호걸 호 뛰어날 걸

성격이 호탕하고, 강한 기운이 있는 여성.

자세히 알아볼까요?

王
총 4획

'**임금**'이라는 뜻이며 '**왕**'이라고 읽어요.

🍞 **이렇게 써요!**

一 = 干 王

🍞 **이렇게 만들었어요!**

고대에 권력을 상징하던 도끼를 그린 모양이에요.

🍞 **이 한자와 달라요!**

요즘 내가 좋아하는 아이돌이 '**왕성**'히 활동하고 있어!
왕성의 '왕'은 활발하다는 뜻을 가진 旺이야.

서울에서 제주도 '**왕복**'하는 비행기 표 주세요.
왕복의 '왕'은 가다는 뜻을 가진 往이야.

학교 앞에 분식집에서는 떡볶이를 시키면 '**왕왕**' 튀김을 하나 주곤 하셔.
왕왕의 '왕'은 가끔이라는 뜻을 가진 往이야.

이렇게 쓰여요!
앞서 배운 한 자가 어떤 단어에 사용되는 지 예시로 알아보아요.

조선왕조 朝鮮王朝 — 태종부터 순종까지 27명의 왕이 있었던 한반도의 왕조 (1392~1910년)

왕자 王子 — 임금의 아들

왕릉 王陵 — 임금의 무덤

왕국 王國 — 임금이 다스리는 나라

여왕 女王 — 여자 임금

천왕성 天王星 — 태양계의 태양으로부터 일곱 번째의 행성

이런 말도 있어요!

内聖外王 내성외왕
안 내 성인 성 바깥 외 임금 왕

'안으로는 성인의 뛰어난 인품, 밖으로는 임금의 덕을 가진 사람'이라는 뜻으로, 지혜와 덕을 모두 갖춘 사람.

3장.
이런 사람이에요!

훈 **배울** 음 **학** 學

자세히 알아볼까요?

學
총 16획

'**배우다**'라는 뜻이며
'**학**'이라고 읽어요.

🍞 이렇게 써요!

´ ⸌ ɼ ſ ʄ ʄ ʄ ʄ
臼 臼 臼 臼 與 與 學 學

🍞 이렇게 만들었어요!

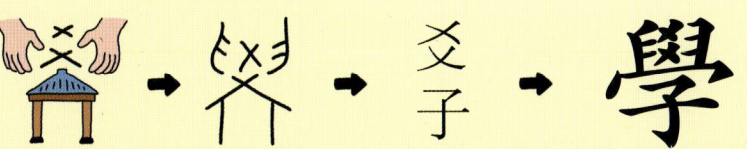

學자는 臼(절구 구)자와 宀(집 면), 爻(효 효)자, 子(아들 자)자가 합쳐진 모습으로
아이가 배움을 얻는 집이라는 뜻이에요.

🍞 이 한자와 달라요!

작고, 약한 동물이라고 '**학대**'하면 안 돼!
학대의 '학'은 모질다는 뜻을 가진 虐이야.

이번 방학 때 구구단을 열심히 연습해서,
수업 시간에 '**군계일학**'처럼 대답할 수 있었어.
군계일학의 '학'은 두루미를 뜻하는 鶴이야.

조선시대에는 양반을 '**해학**'적으로
연기한 마당극이 많았어.
해학의 '학'은 놀리다는 뜻을 가진 謔이야.

이렇게 쓰여요!
앞서 배운 한 자가 어떤 단어에 사용되는 지 예시로 알아보아요.

학교 學校 — 친구들과 함께 선생님에게 교육을 받는 기관

학생 學生 — 학교에 다니면서 공부하는 사람

수학 數學 — 숫자와 도형 등을 배우고, 다루는 학문

과학 科學 — 세상의 원리를 체계적으로 연구하는 학문

방학 放學 — 일정 기간 동안 수업을 쉬는 일

학원 學院 — 학교가 아닌 교육 기관으로, 학습, 취미 등 다양한 목적이 있음

이런 말도 있어요!

博學多識 박학다식
넓을 박 배울 학 많을 다 알 식

학문이 넓고 아는 것이 많음을 뜻함.

꼭 식빵을 먹으면 테두리가 좀 딱딱해서 떼고 먹는 분들이 계시죠. 옛날에는 그 딱딱함이 더 심했다고 합니다. 빵을 포장한다는 개념이 없던 시절, 당연히 빵이 오래 상온에 노출되면 전체적으로 딱딱해져서 먹지 못하게 되었는데요. 하지만 빵 껍질을 두껍고 딱딱하게 만들면 오래 두었을 때 안까지 딱딱해지는 현상을 조금 늦춰주었다고 합니다. 그래서 그 당시 빵은 지금 보다 껍질이 더 두꺼운 경향이 있었다고 합니다.

3장. 이런 사람이에요!

가르칠 교 敎

자세히 알아볼까요?

教
총 11획

'**가르치다**'라는 뜻이며 '**교**'라고 읽어요.

🍞 이렇게 써요!

ノ 　 ㅋ 考 考 考 孝 孝 孝 孝 教

🍞 이렇게 만들었어요!

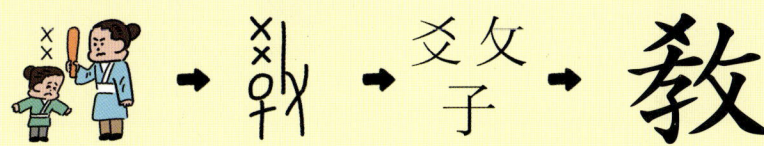

教자는 爻(효 효)자와 子(아들 자)자, 攵(칠 복)자가 합쳐진 모습이에요.

🍞 이 한자와 달라요!

'**육교**' 만 건너면, 할아버지, 할머니가 사는 동네가 나와.
육교의 '교'는 다리를 뜻하는 한자 橋야.

나는 회색 카드를 두 장 가지고 있으니까, 네가 가진 보라색 카드랑 '**교환**'하자!
교환의 '교'는 서로 주고 받다의 交야.

앉아 있는 자세가 삐뚤어져 있어서 '**교정**'을 받으러 병원에 갔다.
교정의 '교'는 바로잡다는 뜻을 가진 矯야.

이렇게 쓰여요!
앞서 배운 한 자가 어떤 단어에 사용되는 지 예시로 알아보아요.

교무실 敎務室 — 선생님들이 수업을 준비하는 등 여러 가지 일을 맡아보는 공간

교칙 敎則 — 학교에서 학생을 가르치는 데에 필요한 규칙

교탁 敎卓 — 교실에서 선생님이 수업을 위한 수업 도구나, 책을 올려둔 탁자

교사 敎師 — 초등학교, 중학교, 고등학교에서 자격을 가지고 학생을 가르치는 사람

교훈 敎訓 — 앞으로의 행동이나 생활에 도움이 될 만한 가르침

교수 敎授 — 대학교에서 학문을 가르치고 연구하는 사람

이런 말도 있어요!

教學相長 교학상장
가르칠 교 배울 학 서로 상 길 장

'가르치는 일과 배우는 일 모두 자신의 학업을 발전시킨다'라는 뜻.

- 흰백 白
- 큰대 大
- 가운데중 中
- 작을소 小
- 푸를청 青
- 먼저선 先
- 날생 生
- 길장 長
- 마디촌 寸

4장.
어떤 모습일까요?
여러 가지 형태

4장. 어떤 모습일까요?

훈 **흰** 음 **백** 白

자세히 알아볼까요?

白
총 5획

'흰색'이라는 뜻이며
'백'이라고 읽어요.

🍞 이렇게 써요!

´ 丿 亻 白 白

🍞 이렇게 만들었어요!

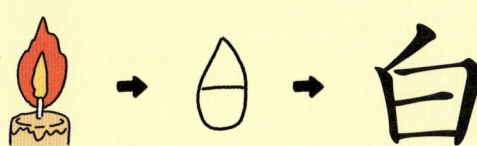

밝게 빛나는 촛불의 모습을 나타내요.

🍞 이 한자와 달라요!

먹는 걸로 따지면 호로로는 '**일당백**'할 수 있어.
일당백의 '백'은 숫자 100을 뜻하는 百이야.

우리 가족은 추석이면
'**백부**'님 댁에 모여 제사를 지낸다.
백부의 '백'은 맏이, 첫째를 뜻하는 伯이야.

'**백화점**'을 구경하다 보면 시간 가는 줄 모르게 돼.
백화점의 '백'은 많다는 뜻을 가진 百이야.

호로로 8급 한자

이렇게 쓰여요!
앞서 배운 한 자가 어떤 단어에 사용되는 지 예시로 알아보아요.

백반 白飯 — 음식점에서 밥과 국, 몇 가지 반찬을 한 상에 파는 음식

명백 明白 — 의심할 필요 없이 매우 뚜렷함

결백 潔白 — 행동이나 마음씨가 깨끗함

고백 告白 — 자신의 생각이나 숨긴 이야기를 사실대로 말함

단백질 蛋白質 — 사람에게 필요한 3대 영양소 가운데 하나

백두산 白頭山 — 함경도와 만주 사이에 있는 산. 한반도 제일의 산, 높이는 2,744 미터

182 어떤 모습일까요?

이런 말도 있어요!

明明白白 명명백백
밝을 명 밝을 명 흰 백 흰 백

'의심할 필요 없이, 아주 확실하다'라는 뜻.

4장. 어떤 모습일까요?

훈 큰 음 대 大

자세히 알아볼까요?

大
총 3획

'크다'라는 뜻이며 '대'라고 읽어요.

🍞 이렇게 써요!

一 ナ 大

🍞 이렇게 만들었어요!

양팔을 벌리고 있는 사람의 모양이에요.

🍞 이 한자와 달라요!

너무 많은 숙제를 내주는 건 '**반대**'입니다.
반대의 '대'는 서로 마주하다는 뜻을 가진 對야.

남이 '**대체**'해준 숙제는 인정이 되지 않아!
대체의 '대'는 대신하다는 뜻을 가진 代야.

어제 너희 집 저녁 식사에 '**초대**'해줘서 고마워.
초대의 '대'는 모시다는 뜻을 가진 待야.

호로로 8급 한자

이렇게 쓰여요!
앞서 배운 한 자가 어떤 단어에 사용되는 지 예시로 알아보아요.

확대 擴大 늘이거나 크게 함

대부분 大部分 절반을 훨씬 넘는 전체량에 가까운 정도

도대체 都大體 전혀 알지 못하거나 아주 궁금할 때 사용하는 말

대학교 大學校 다양한 학문을 교육, 연구하는 최고 교육 기관

대량 大量 아주 많은 분량이나 수량

대회 大會 기술이나 재주를 겨루는 큰 모임

어떤 모습일까요?

이런 말도 있어요!

拍掌大笑 박장대소
칠박 손바닥장 큰대 웃음소

손뼉을 치면서 크게 웃는 것을 말함.

자세히 알아볼까요?

中
총 4획

'가운데'라는 뜻이며 '중'이라고 읽어요.

이렇게 써요!

이렇게 만들었어요!

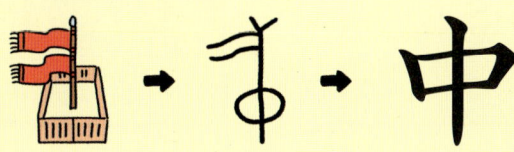

진지 중앙에 펄럭이는 깃발이 꽂혀있는 모양이에요.

이 한자와 달라요!

열심히 용돈을 모아서 산 게임기는 매우 '**소중**'하다.
소중의 '중'은 중요하다는 뜻을 가진 重이야.

저기 '**군중**'은 네 노래를 들으러 왔나 봐!
군중의 '중'은 사람이 모여 있는 무리라는 뜻을 가진 衆이야.

친구들이 다투고 있어서 '**중재**'에 나섰다.
중재의 '중'은 가운데라는 뜻을 가진 仲이야.

이렇게 쓰여요!
앞서 배운 한 자가 어떤 단어에 사용되는 지 예시로 알아보아요.

중단 中斷 일이나 행동, 말을 도중에 멈춤

중심 中心 사물의 한가운데

중순 中旬 한 달 가운데 11일에서 20일까지의 기간

중학교 中學校 초등학교와 고등학교 사이의 학교

중립 中立 어느 편에 치우치지 않고 공정한 입장을 지킴

식중독 食中毒 음식을 잘못 먹어 생기는 병. 구토, 설사, 복통의 증상이 나타남

이런 말도 있어요!

五里霧中 오리무중
다섯 오 거리 리 안개 무 가운데 중

'다섯 리나 되는 안개 속에 있다'라는 뜻으로, 앞으로의 일이 어떻게 풀릴지 모르는 것과 이상하게 일이 풀려가는 것을 말함.

4장. 어떤 모습일까요?

훈: 작을 음: 소 小

자세히 알아볼까요?

小
총 3획

'**작다**'라는 뜻이며
'**소**'라고 읽어요.

🍞 **이렇게 써요!**

亅 小 小

🍞 **이렇게 만들었어요!**

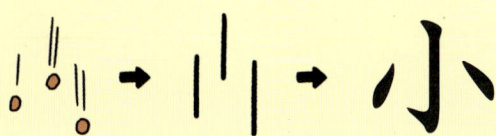

작은 파편들이 튀는 모습이 지금의 모습으로 변했어요.

🍞 **이 한자와 달라요!**

오늘 야외 수업을 하는 '**장소**'는 학교 앞 공원이야!
장소의 '소'는 공간, 위치를 뜻하는 所야.

학교를 매일 가지 않으면서, 내 용돈이 '**감소**' 했어.
감소의 '소'는 양이 적다는 뜻을 가진 少야.

담임 선생님은 부모님과 상담실에서 '**담소**'를 나눴어.
담소의 '소'는 웃다는 뜻을 가진 笑야.

이렇게 쓰여요!
앞서 배운 한 자가 어떤 단어에 사용되는 지 예시로 알아보아요.

축소 縮小 줄어서 작게 만듦

소변 小便 오줌을 점잖게 부르는 말

소설 小說 실제 있던 일이나 상상력으로 지어낸 이야기

소행성 小行星 태양계 안에서 공전하는 많은 작은 행성

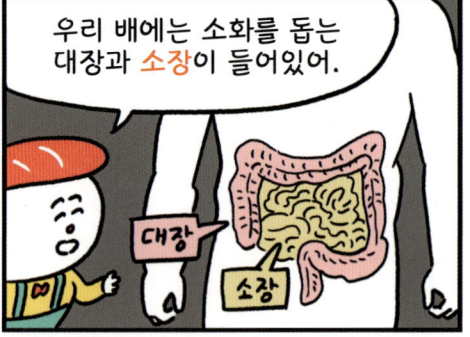

소수점 小數點 1보다 작은 수를 구분하기 위해 찍는 점

소장 小腸 위와 대장 사이에 있는 긴 소화관

이런 말도 있어요!

小貪大失 소탐대실
작을 소 탐낼 탐 큰 대 잃을 실

작은 것을 탐하다가 오히려 큰 것을 잃음.

4장. 어떤 모습일까요?

훈 **푸를** 음 **청** 青

자세히 알아볼까요?

青
총 8획

'**푸르다**'라는 뜻이며 '**청**'이라고 읽어요.

🍞 이렇게 써요!

一 = 丰 圭 夫 青 青 青

🍞 이렇게 만들었어요!

靑자는 生(날 생)자와 井(우물 정)자가 결합한 모습이에요.

🍞 이 한자와 달라요!

선생님께 수업시간에 휴대폰을 사용할 수 있도록 '**요청**'했다.
요청의 '청'은 요구하다는 뜻을 가진 請이야.

어머니에게 TV '**시청**'시간을 줄이라고 한 소리 들었다.
시청의 '청'은 듣는 걸 뜻하는 聽이야.

경찰 시험에 합격한 삼촌은 '**경찰청**'으로 출근했다.
경찰청의 '청'은 나라일을 하는 곳이라는 뜻을 가진 廳이야.

이렇게 쓰여요!
앞서 배운 한 자가 어떤 단어에 사용되는 지 예시로 알아보아요.

청소년 青少年 청년과 소년을 아울러 부르는 말

청춘 青春 인생의 젊은 나이 또는 그런 시절

청어 青魚 청어과에 속하는 바닷물고기

청와대 青瓦臺 우리나라 대통령이 일하면서 사는 곳

청포도 青葡萄 푸른빛이 도는 포도

청사진 青寫眞 미래에 하고 싶은 일에 관한 계획

이런 말도 있어요!

青天霹靂 청천벽력
푸를 청 하늘 천 벼락 벽 벼락 력

'맑은 하늘에 갑자기 벼락이 떨어진다'라는 뜻으로, 생각지 못하게 일어나는 일을 말함.

자세히 알아볼까요?

'먼저'라는 뜻이며 '선'이라고 읽어요.

총 6획

이렇게 써요!

丿 ⺅ 一 ⺧ 牛 ⺧ 先

이렇게 만들었어요!

先자는 牛(소 우)자와 儿(어진사람 인)자가 결합한 모습이에요.

이 한자와 달라요!

오랫동안 닫고 있던 창문을 여니 '**신선**'한 바람이 불었다.
신선의 '선'은 깨끗하다는 뜻을 가진 鮮이야.

갑자기 큰 소리를 지르며 나타난 그에게 사람들의 '**시선**'이 모였다.
시선의 '선'은 줄을 뜻하는 線이야.

유명한 사람들 중에서 남몰래 '**선행**'을 베푸는 사람이 있다.
선행의 '선'은 착하다는 뜻을 가진 善이야.

이렇게 쓰여요!
앞서 배운 한 자가 어떤 단어에 사용되는 지 예시로 알아보아요.

선배 先輩 나이나 학문이 자기보다 앞선 사람

우선 優先 어떤 일을 하기 전에

선발대 先發隊 먼저 출발하는 부대

선두 先頭 대열, 순위 등에서 맨 앞

선점 先占 남들보다 먼저 차지함

선약 先約 먼저 한 약속

이런 말도 있어요!

先見之明 선견지명
먼저 선　볼 견　갈 지　밝을 명

'앞을 내다보는 안목'이라는 뜻으로, 앞으로 벌어질 일을 미리 짐작하는 지혜를 뜻함.

4장. 어떤 모습일까요?

훈 날 음 생 生

자세히 알아볼까요?

生
총 5획

'낳다'
'살다'라는 뜻이며
'생'이라고 읽어요.

🍞 이렇게 써요!

ノ 丿 ⺡ 牛 生

🍞 이렇게 만들었어요!

새싹이 땅에서 돋아나는 모양을 표현했어요.

🍞 이 한자와 달라요!

책의 앞 내용은 너무 많아서 '생략'했어.
생략의 '생'은 덜어내다는 뜻을 가진 省이야.

이번 화재사고에서 자기 몸을 '희생'한 소방관의 이야기에 눈물이 났다.
희생의 '생'은 다른 사람을 위해, 자신의 것을 내놓는 다는 뜻을 가진 牲이야.

결정적인 순간에 '희생타'를 쳐서 동점에 성공했어.
희생타의 '생'은 다른 사람을 위해, 자신의 것을 내놓는 다는 뜻을 가진 牲이야.

호로로 8급 한자　205

이렇게 쓰여요!
앞서 배운 한 자가 어떤 단어에 사용되는 지 예시로 알아보아요.

생명 生命 — 생물이 살아있는 상태

인생 人生 — 사람이 세상을 살아가는 일

견물생심 見物生心 — 물건을 보면 가지고 싶은 마음이 생김

탄생 誕生 — 사람, 물체, 모임, 제도 등이 태어남

고생 苦生 — 어렵고 힘든 일을 겪음, 또는 그런 일이나 생활

평생 平生 — 세상에 태어나서 죽을 때까지의 기간

이런 말도 있어요!

九死一生 구사일생
아홉 구 죽을 사 한 일 날 생

'아홉 번 죽을 뻔하다가 한 번 살아난다'라는 뜻으로, 여러 번 어려움에 처하다가 간신히 벗어남을 뜻함.

4장. 어떤 모습일까요?

훈: 길 음: 장 長

오호, 마라톤 대회인가 봐.
꺼북이도 저런 **장거리** 달리기 잘하지 않아?

내가 왜?
그건 동화책 이야기지. 난 걷는 것도 싫어하고, 성격도 급해!
에헴!
토끼와 거북이 이야기를 보면 거북이는 끈기 있게 가서 결국 이기잖아.

성격이 급한데, 저번에 빌려간 만화책은 왜 빨리 안 돌려주는 거야?
앗...!
지금 가져 올게!
쌩~!

자세히 알아볼까요?

長
총 8획

'**길다**'라는 뜻이며
'**장**'이라고 읽어요.

🍞 이렇게 써요!

丨 丆 丆 F 듵 튼 툥 長

🍞 이렇게 만들었어요!

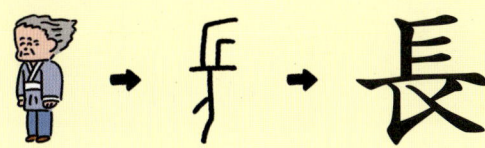

머리가 긴 노인의 모양이에요.

🍞 이 한자와 달라요!

학교에서 나눠준 종이에
'**장래**'희망을 적어서 내야 해!
장래의 '장'은 미래라는 뜻을 가진 將이야.

남아 있던 과자를 하나 먹은 건 사실이지만,
다 먹었다는 이야기는 '**과장**'이야.
과장의 '장'은 크게 하다는 뜻을 가진 張이야.

일기를 쓰다 보면 '**문장**'력이 길러져.
문장의 '장'은 글이라는 뜻을 가진 章이야.

호로로 8급 한자 209

이렇게 쓰여요!
앞서 배운 한 자가 어떤 단어에 사용되는 지 예시로 알아보아요.

성장 成長 사람이나 동식물이 자라서 점점 커짐

장점 長點 좋거나 잘하거나 긍정적인 점

장수 長壽 오래도록 삶

장거리 長距離 시간이 꽤 걸리는 먼 거리

대장 隊長 한 무리의 우두머리

장어 長魚 뱀장어과의 민물고기

이런 말도 있어요!

長江大海 장강대해
길 장 강 강 큰 대 바다 해

길이가 긴 강과 넓은 바다를 말함.

4장. 어떤 모습일까요?

훈 **마디** 음 **촌** 寸

자세히 알아볼까요?

寸
총 3획

'**마디**'라는 뜻이며 '**촌**'이라고 읽어요.

🍞 이렇게 써요!

一 十 寸

🍞 이렇게 만들었어요!

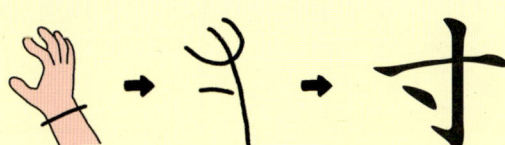

손끝에서 손목까지의 길이의 기준(마디)을 뜻하는 모양이에요.

🍞 이 한자와 달라요!

아버지는 '**어촌**'에서 자라서 회를 좋아하셔.
어촌의 '촌'은 마을을 뜻하는 村이야.

4년 마다 열리는 올림픽은 '**지구촌**'의 축제야!
지구촌의 '촌'은 마을을 뜻하는 村이야.

'**민속촌**'에 가면 한복을 빌려 입고, 사진을 찍을 수도 있어.
민속촌의 '촌'은 마을을 뜻하는 村이야.

호로로 8급 한자

이렇게 쓰여요!
앞서 배운 한 자가 어떤 단어에 사용되는 지 예시로 알아보아요.

사촌 四寸 — 부모님의 친형제자매의 아들이나 딸과의 촌수

삼촌 三寸 — 아버지나 어머니의 남자 형제

촌각 寸刻 — 매우 짧은 시간

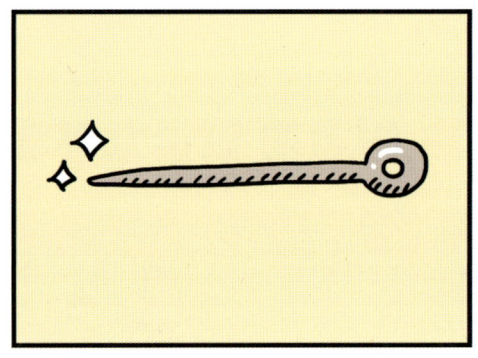

촌철 寸鐵 — 작고 날카로운 물건이나 무기

촌평 寸評 — 어떤 대상에 관해 짧게 옳고 그름을 이야기하는 것

촌수 寸數 — 친척 사이의 멀고 가까움을 나타내는 방식

이런 말도 있어요!

寸鐵殺人 촌철살인
마디 촌 쇠 철 죽일 살 사람 인

'날카로운 말로 상대 편의 급소를 찌른다'라는 뜻으로, 간단한 말로 상대의 마음을 뒤흔드는 것.

초판 1쇄 펴낸 날 2021년 11월 26일

지은이 나인완 | **펴낸이** 홍정우 | **펴낸곳** 코알라스토어
책임편집 김다니엘 | **편집진행** 차종문, 박혜림 | **디자인** 이예슬 | **마케팅** 백지영
주소 (04035) 서울특별시 마포구 양화로7안길 31(서교동, 1층)
전화 (02)3275-2915~7 | **팩스** (02)3275-2918 | **이메일** brainstore@chol.com
등록 2007년 11월 30일(제313-2007-000238호)

ⓒ 코알라스토어, 나인완, 2021
ISBN 979-11-88073-83-2 (73710)

*코알라스토어는 브레인스토어의 유아·아동 브랜드입니다.
이 책은 저작권법에 따라 보호받는 저작물이므로 무단전재와 무단복제를 금하며, 이 책 내용의 전부 또는 일부를 이용하려면 반드시 저작권자와 코알라스토어의 서면 동의를 받아야 합니다.